THE AI REVOLUTION

TRANSFORMING THE FUTURE OF HIGHER EDUCATION

한림대 AI 융합연구원 총서 02

AI 시대, 대학교육을 리디자인하라

정혜선 · 박섭형 · 김여진 · 한수미 · 최승락 공저

학지사

이 책은 한림대학교 AI융합연구원의 총서의 일부로 2025년도 교육부 및 강원특별자치도의 재원으로 강원RISE센터의 지원을 받아 수행된 지역혁신중심 대학지원체계(RISE) 글로컬대학 30의 지원을 받았다(2025-RISE-10-009). 이 책의 내용은 지원 기관의 견해를 반영하지 않는다.

머리말

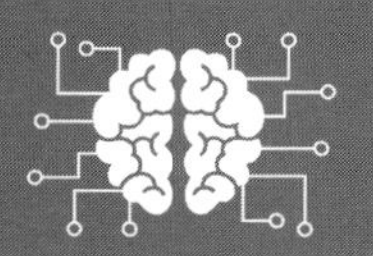

인공지능의 발전은 대학교육을 혁신적으로 변화시키며 즉각적인 주목이 필요한 중대한 변화를 가져오고 있다. 학생들은 인공지능 기술을 활용하여 문제를 풀고 글을 작성하는 등 전례 없는 방법을 사용하고 있으며, 이는 교육 방식과 평가 기준의 재구성을 요구하고 있다. 교수들은 전통적인 접근 방식을 재검토하고, AI 기반 환경에서 학습 성과를 정확히 평가하기 위한 최첨단 전략을 도입해야 하는 도전에 직면하고 있다. AI 생성 콘텐츠의 급속한 확산은 학문적 정직성을 보호하고 창의성의 역할을 재정립해야 할 필요성 또한 부각시키고 있다.

이처럼 인공지능의 사용이 확산되고 있지만 아직 어떻게 대응해야 할지에 대한 일관된 목소리가 존재하지 않는 상태이다. 인공지능 사용법을 익히는 것이 인공지능 시대에 핵심적인 능력이 되어야 한다는 주장과 함께 무분별한 인공지능의 사용을 경계하는 목소리 또한 큰 상태이다. 인공지능이 제기하는 도전은 단순한 기술적 문제를 넘어 교육의 근본적인 구조와 철학에까지 영향을 미치는 복합적인 문제를 포함하고 있다. 인공지능의 확산은 교육의 본질적 목적과 목표를 재정립해야 한다는 도전뿐만 아니라, 기존의 교육과정 설계와 학습 성과를 평가하는 방식을 개선하고 새로운 방식을 고안해야 한다는 과제를 제시한다.

이 책은 인공지능 시대가 제기하는 변화 앞에서 대학교육이 어떻게 변화해야 하는지를 고민해 온 한림대학교 교수들 다섯 명의 목소리를 담고 있다. 한림대학교는 2023년 1차 글로컬사업에 선정된 것을 계기로 인공지능 기반 교육 혁신을 추진해 왔다. 글로컬사업은 학령인구 감소와 지역대학 위기 속에서 대학이 지역과 함께 혁신해 세계적 경쟁력을 갖춘 글로컬(Global+Local) 대학으로 도약하도록 지원하는 교육부 주도의 국가 전략사업이다. 2023년부터 5년간 전국 30개 내외 대학을 선정해 연간 최대 100억 원을 지원하고 있는데, 대학이 단순한 교육기관을 넘어 지역 혁신의 핵심 거점으로 자리매김하게 하고, 동시에 지역과 국가의 지속 가능한 발전을 도모하는 데 목적이 있다. 한림대학교는 특히 'AI 교육 대전환'을 핵심 축으로 삼아 'K-University AI 서비스' 로드맵을 수립했으며, AI융합연구원 산하에 AI 에듀테크센터를 설립하여 강의 · 평가 · 피드백 등 교육 전 과정의 AI 기반 혁신을 추진하고 있다. 이 책의 저자들은 글로컬사업과 관련하여 다양한 교육 실험과 탐구를 진행하면서 인공지능을 어떻게 대학교육에 효과적으로 접목하고 활용할 수 있을지를 고민해 왔고, 그 과정에서 공부하고 고민해 온 쟁점과 주제를 이 책에 정리하였다.

이 책은 크게 3부로 구성되어 있다. 제1부에서는 'AI 시대 흔들

리는 대학교육'의 모습을 다루었다. 제1장에서는 점점 더 똑똑해지는 인공지능과는 달리 도구에 의존하면서 점점 스스로 생각하지 않는 대학생들의 모습을 다루었다. 제2장에서는 빠르게 변화하는 교육 환경 속에서 구성원들이 경험하는 혼란의 모습을 담았다. 제2부 '대학교육의 판을 다시 짜라'에서는 이러한 문제에 어떻게 대처할 수 있는지에 대한 제안을 담았다. 제3장에서는 인공지능 시대에서 변함없는 교육의 본질이 무엇인지를 살펴보았다. 제4장에서는 앞으로의 미래 사회에서 대학생에게 가장 필요한 핵심 능력이 무엇인지 알아보았다. 제5장에서는 대학의 교수법 및 평가가 어떠한 방향으로 변화해야 하는지를 살펴보았다. 이 책의 제3부에서는 AI 앞에 선 대학들의 실험과 도전을 다루었다. 제6장에서는 한국을 포함한 세계의 대학들이 어떠한 시도를 해 왔는지를 살펴보고 제7장에서는 한림대학교에서의 다양한 실험과 시도를 살펴보았다. 각 장의 본문에서 다루기에 전문적인 내용은 [더 알아보기] 코너에서 알아보았다.

이 책은 한림대학교에서 이루어진 교육 실험의 내용과 고민을 반영한다. 하지만 한림대학교의 사례와 고민은 한림대에 국한되지 않는다. AI 시대 대학이 어떻게 대응할 것인가는 모든 대학교육 담당자, 나아가 초·중등 교육을 포함한 모든 교육자의 고민이다. 인공지능의 잠재력을 최대한 활용하는 동시에 적절하게 대응하기 위해서는 인공지능을 대학교육에 효과적으로 통합하는 방법에 대한 능동적이고 깊이 있는 논의가 필요하다. 이 책이 이러한 논의의 진전을 위한 중요한 초석을 제공할 것으로 기대된다. 어려운 출판 시장

여건 속에서도 이 책의 출간을 맡아 준 학지사 및 책의 참고문헌을 꼼꼼하게 확인해 준 지예원 학생에게 감사를 표한다.

2026년

저자 일동

차례

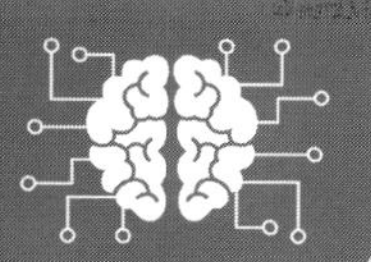

제1부
AI 시대, 흔들리는 대학교육

제2부

대학교육의 판을 다시 짜라

제3부
AI 앞에 선 대학들: 실험과 도전

AI 시대, 흔들리는 대학교육

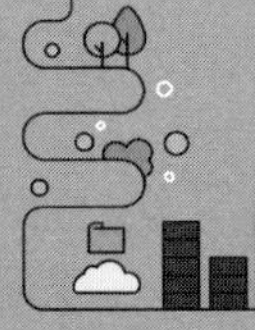

제1장

똑똑한 AI, 생각하지 않는 대학생

21세기의 대학 교정 위에는 두 가지 상반된 풍경이 공존한다. 한쪽에서는 인공지능이 인간의 언어를 배우고, 이미지를 그리고 수학 문제를 단숨에 해결한다. 하지만 다른 한쪽에서는 여전히 교과서 한 장을 끝까지 읽지 못하는 학생들이 존재한다. 기술이 점점 더 인간의 사고를 대신하고 있지만, 인간의 사유는 점점 사라지고 있다. 우리는 지금 '똑똑한 AI와 생각하지 않는 인간'이 공존하는 시대를 살고 있다. 이 장은 이러한 역설적 상황을 출발점으로 삼아 인공지능의 지능적 진보와 인간 학습자의 사고력 약화가 어떻게 맞물려 있는지 살펴보고 그 속에서 대학교육이 마주한 첫 번째 위기를 짚어 보고자 한다.

1 똑똑한 AI의 등장

정보처리나 사고 능력이 인간의 전유물이 아니라는 것은 오래전부터 알려져 왔다. 하지만 기계의 정보 처리 능력은 오랫동안 제한적인 수준에 머물러 있었다. 2004년에 개봉한 영화 〈아이, 로봇〉에는 인간 형사 델 스푸너와 인간의 감정과 창의력을 지닌 AI 로봇 써니의 대화가 나온다. 스푸너는 로봇에게 도발하듯 묻는다. "로봇이 교향곡을 쓸 수 있어? 로봇이 캔버스에 멋진 명화를 그릴 수 있냐고?" 그러자 써니는 잠시 생각하다가 되묻는다. "당신은요?" 써니는 음악과 미술 같은 예술은 인간만이 할 수 있는 고유 영역이라고 생각하고 있었지만, 써니는 모든 인간이 교향곡을 쓰거나 명화를 그릴 수 있는 것은 아니지 않냐며 반문한다.

이 영화가 개봉된 지 20년이 지난 지금, 인공지능은 인간의 전유물이라고 여겨졌던 작업들을 상당 부분 해내고 있다. 2016년에는 세계 최고 바둑기사 이세돌이 AI 바둑 프로그램 알파고에게 패배하며 인간 이성의 한계를 인정해야 했고, 2022년에는 생성형 AI 프로그램 미드저니(Midjourney)가 그린 그림이 미술대회에서 우승하면서 예술적 창작 역시 더 이상 인간만의 것이 아닐 수 있다는 충격을 주었다(김영주, 2022년 9월 4일). 같은 해 말 공개된 대화형 언어 모델 챗지피티는 지식 생산과 활용의 양상을 뒤흔들어 놓았다. 20년 전 상상은 현실이 되었다. 2025년 현재, 21년 전 〈아이, 로봇〉에서 스푸너 형사가 냉소적으로 던진 물음에 대해 이제 많은 사람이 "로봇

그림 1-1 〈아이, 로봇〉 패러디 만화(AI 생성 이미지)

도 교향곡을 쓰고, 멋진 그림을 그릴 수 있다."고 답할 것이다([그림 1-1] 참고).

지금의 인공지능은 아직 **약한 인공지능**(weak AI) 단계에 머물러 있다. 약한 인공지능은 바둑 게임에서 인간 챔피언을 이기거나, 복잡한 데이터 분석을 통해 패턴을 발견하는 등 특정 목적을 위해 설계되고 훈련된 AI를 의미한다. 특정 영역에서 인간보다 뛰어난 성능을 보이지만, 인간처럼 다양한 상황에 유연하게 대응하지는 못한다.

하지만 인간과 동등한 수준의 지능을 갖춘 **범용 인공지능**(Artificial General Intelligence: AGI)과 인간의 지능을 훨씬 뛰어넘는 **초인공지능**(Artificial Super Intelligence: ASI)의 가능성이 논의되기 시작했다. 범용 인공지능은 다양한 문제를 해결하고, 새로운 상황에 적응하며, 학습 능력을 바탕으로 스스로 지식을 확장할 수 있는 인공지능을 지칭한다. 현재의 인공지능이 바둑, 번역, 이미지 생성 등 특정 과제에만 국한된 수행을 보이는 반면, 범용 인공지능은 이 모든 것을 포괄적으로 수행할 수 있는 능력을 가질 것으로 전망된다. 초인공지능은 인간의 지능을 능가하는 인공지능으로, 개발된다면 인류가 풀지 못했던 난제들을 해결하거나, 새로운 과학적 발견을 이끌어 내는 등 예측 불가능한 수준의 진보를 가져올 수 있다. 범용 인공지능이나 초인공지능이 실제로 구현될지는 지켜보아야 하겠지만, 분명한 것은 인간의 전유물이라 간주되었던 고등 인지 과정, 즉 문제해결, 추론, 학습, 창의성 등이 더 이상 인간만이 소지한 능력이 아니고, 언젠가는 인간의 사고를 능가하는 지적 존재가 등장할지도 모른다는 점이다.

AI 기술 발전은 비즈니스 분야에서 생산 원가 절감 및 효율성 극대화를 위한 기회로 인식되고 있고, 다수의 대기업이 인공지능 기술 개발에 대규모 투자를 진행하고 있다(이호길, 2025년 1월 1일). 이러한 흐름은 민간에 국한되지 않는다. 각국 정부 또한 주권 수호, 경제적 독립성 확보, 미래 기술 주도권 선점을 목표로 자국 내의 인력과 기술을 활용한 '소버린 AI' 개발에 총력을 기울이고 있다(김강한, 2025년 8월 5일). 다만, 이러한 기술 발전이 교육 분야에 미치는 영향은 단순하지 않다. 비즈니스가 생산성과 비용 효율을 중심으로 성과를 측정하는 반면, 교육은 사람의 성장과 발달을 핵심 목적으로 한다. 교육 서비스 제공 과정에서 비용 절감과 운영 효율이 중요하더라도, 대학이 우선적으로 고민할 것은 다른 곳에 있다. 즉, **인공지능이 개인의 성장과 발달을 실질적으로 촉진하는지, 나아가 사회적 가치와 규범 형성에 긍정적으로 기여하는지**에 대한 고민과 판단이 선행되어야 한다.

2 교과서를 이해하지 못하는 학생들

1) 낮아지는 문해력

이제 시선을 학생으로 돌려 보자. 빠른 성장을 보이는 인공지능과는 달리 학습자들의 인지 능력은 오히려 감소하거나 정체하고 있다는 우려의 목소리가 최근 증가하고 있다. 청소년층에서 '사흘', '금일', '심심한 사과'와 같은 기본적인 어휘조차 제대로 이해하지 못하거나 잘못 사용하는 사례가 빈번하게 보고되고 있다(이연정, 2022년 3월 24일). 이러한 문해력 저하 현상은 소수의 학생들에게 국한된 문제가 아니다. 서울대학교에서도 최근 입학생들의 저조한 문해력 수준에 대한 심각성을 인지하고, 이에 대한 대응책으로 2022년부터 입학생 1,500명 전원을 대상으로 글쓰기 평가를 도입하여 학생들의 문해력 수준을 진단하고 개선 방안을 모색하고 있다(김남영, 2022년 3월 13일).

경제개발협력기구(Organization for Economic Cooperation and Development: OECD)가 3년마다 실시하는 국제 학업 성취도 평가(Programme for International Student Assessment: PISA)에 따르면 2018년 이후 전 세계 15세 학생들의 읽기 성취도는 큰 폭으로 떨어졌다. OECD 국가 15세 학생 중 약 4분의 3만이 기본 수준 이상의 읽기 능력을 보유하고 있는 것으로 추정되는데, 이는 나머지 4분의 1에 해당하는 학생들이 복잡한 글을 이해하고, 맥락을 파악하며, 논리적으로 정보를 처리하는 데 어려움을 겪고 있음을 의미한다.

한국교육과정평가원의 조사도 비슷한 결과를 보여 준다(한국교육과정평가원, 2024). 한국교육과정평가원에서는 매년 중학교 3학년과 고등학교 2학년 학생의 약 3%를 표집하여 국어 등 주요 교과의 학업 성취 수준을 1수준(기초학력 미달), 2수준(기초), 3수준(보통), 4수준(우수)으로 분류한다. 팬데믹 이후 학업 성취 수준이 감소하였으나 2023년도 중학교 3학년 국어 과목에서 3수준(보통학력) 이상 비율은 66.7%로 집계되었다. 이는 전년 대비 5.5%포인트 증가한 수준으로 팬데믹 이후 저하되었던 학업 성취도가 일부 회복되고 있는 것으로 분석된다. 문제는 전체적인 평균 상승에도 불구하고, 상위 집단과 하위 집단 간의 학력 격차가 더욱 두드러지고 있다는 것이다. 특히 지역 간 격차가 뚜렷하게 나타나고 있는데, 대도시 학생의 71.9%가 3수준 이상을 달성한 반면, 읍 · 면 지역 학생은 58.2%에 그쳐 13.7%포인트의 큰 차이를 보였다. 성별에 따른 차이도 두드러졌는데, 남학생의 국어 성취도는 여학생보다 전반적으로 낮은 경향을 보였고, 3수준 이하 비율이 유의하게 높았다.

문해력 저하는 특정 연령대에 국한된 문제가 아니다. 최근 발표된 국제 조사 결과들은 성인층에서도 심각한 문해력 문제가 나타나고 있음을 명확히 보여 준다. OECD가 2023년에 실시한 국제성인역량조사(Programme for the International Assessment of Adult Competencies: PIAAC)에서 한국 성인의 문해력 평균 점수는 249점으로, OECD 평균인 260점보다 현저히 낮았다(OECD, 2024). 더욱이 31개 참여국 중 22위라는 저조한 순위를 기록하여 한국 성인들의 문해력 수준이 국제적으로도 하위권에 속함을 드러내었다. PIAAC

조사는 단순히 글자를 해독하는 능력을 넘어, 복잡한 정보를 이해하고 분석하며, 나아가 주어진 정보를 바탕으로 추론하고 문제해결에 적용하는 고차원적인 능력을 평가한다. 따라서 단순히 글을 읽을 줄 아는 것만으로는 높은 점수를 받기 어렵다. 이러한 결과는 성인들조차 긴 문장이나 정보의 의미를 해석하는 데 어려움을 겪고 있음을 보여 준다.

현대 사회에서 정보 해독 능력은 단순히 교과서 내용을 이해하는 것을 넘어, 비판적 사고력과 문제해결 능력의 기반이 된다. 문해력 저하가 전 연령대에서 공통적으로 나타나고 있지만, 청소년 및 성인기 초입에 있는 대학생 집단의 문해력 저하는 더욱 심각하게 받아들여야 한다. 학업 활동뿐만 아니라 이후의 직업 활동, 사회 참여, 그리고 개인의 삶의 질에도 부정적인 영향을 미칠 수 있기 때문이다.

2) 일본 아라이 군 프로젝트: 인공지능의 학업 능력과 인간의 문해력

2011년 일본에서는 흥미로운 연구가 시작되었다. **로봇이 도쿄대학교에 들어갈 수 있을까?**라는 질문에서 출발하여 실제 대학 입시에 합격할 수 있는 인공지능 개발을 목표로 '아라이 군(東ロボくん, Todai Robot)' 프로젝트가 진행되었다(아라이 노리코, 2018). 연구팀은 아라이 군에게 교과서, 사전, 그리고 웹상의 방대한 텍스트 데이터를 학습시킨 뒤 매년 도쿄대학교 모의고사와 대학 입시 센터 모의고사에 응시하도록 하면서 실력을 점검하고 보완해 나갔다.

결과는 놀라웠다. 아라이 군은 수학, 세계사 등 암기나 계산 위주의 과목에서 매우 높은 점수를 기록하며 탁월한 능력을 입증하였다. 수학 문제에서도 뛰어난 수행을 보였는데, 2016년 제1회 도쿄대학교 사전 입시 수학 문제에서 6문제 중 4문제에 완벽한 답을 작성하여, 수험생 중 상위 1%에 해당하는 뛰어난 수행 능력을 보였다. 비록 최종 목표인 도쿄대학교 합격에는 이르지 못했지만, 2016년 모의고사에서 전국 평균을 훨씬 웃도는 57.1의 높은 점수를 얻을 수 있었다. 일본 내 다수의 사립대학에는 충분히 합격할 수 있는 수준에 다다른 것이었다.

그러나 이 프로젝트를 진행하는 과정에서 연구자들이 더 주목한 것은 일본 학생들의 충격적인 문해력 실태였다. 연구자들은 '아라이 군'의 독해력과 사람의 독해력을 비교하기 위해서 독해력 평가검사(Reading Skills Test: RST)를 개발하였다. 복합적인 이해 능력을 요구하는 문제들로 구성되었는데, 예를 들어 다음과 같은 질문이 제시되었다.

1639년 막부는 포르투갈인을 추방하고 다이묘에게 연안의 경비를 명령했다.

위의 문장이 나타내는 내용과 아래의 문장이 나타내는 내용은 같은가? '같다', '다르다' 중에서 대답하시오.

1639년 포르투갈인은 추방되었고 막부는 다이묘에게서 연안의 경비를 명령받았다.

출처: 아라이 노리코(2018), p. 203.

이 질문의 정답은 '다르다'였지만, 일본 중학생의 43%와 고등학생의 29%가 두 문장의 차이를 구별하지 못했다. 두 문장은 겉보기는 비슷하지만, 주어-목적어 관계가 달라서 의미가 완전히 달라진다. 이런 차이를 이해하려면 문장의 기본 구조를 파악할 수 있어야 하는데, 상당수의 학생이 문장의 기본 구조를 분석하지 못하고 있었다.

또 다른 문제를 살펴보자.

Alex는 남성과 여성 모두 사용하는 이름으로 여성의 이름 Alexandra의 애칭인 동시에 남성의 이름 Alexander의 애칭이기도 하다.

문맥을 고려했을 때 다음 문장의 빈칸에 들어가기에 가장 적당한 말을 선택지에서 하나만 고르시오.

Alexandra의 애칭은 (　　　)이다.
(1) Alex, (2) Alexander, (3) 남성, (4) 여성

출처: 아라이 노리코(2018), p. 198.

이 질문의 정답은 Alex이지만, 중학생 62%, 고등학생 35%가 정답을 맞히지 못하였다. 제시된 문장은 Alex라는 애칭이 Alexandra, Alexander라는 이름과 어떤 관계에 있는지 설명한다. 세 명칭 간의 관계를 파악할 수 있어야 질문에 답변할 수 있는데, 상당수의 학생이 이러한 작업을 제대로 처리하지 못하고 있었다.

아라이 군 프로젝트에서 얻은 결과는 인공지능의 인지 능력이 비

약적으로 발전하는 시기에 청소년과 대학생의 문해력은 오히려 심각하게 저하되고 있다는 것을 보여 준다. 이러한 결과는 한국 학생들에게서도 비슷하게 관찰될 것으로 추정된다.

문해력 저하는 다양한 요인에 기인한 것으로 보인다. 디지털 미디어의 범람으로 인하여 SNS 게시물, 쇼츠 등 짧고 단편적인 정보가 범람하고 있고, 구어체 중심의 소통에 익숙해지면서 글의 맥락을 파악하고 종합적으로 이해하는 능력이 감소하고 있는 것으로 추정된다(Luyten, 2022). 이에 더해서 인공지능의 발달은 학습자들의 문해력과 기초 학업 능력 저하 현상을 가속화시킬 것으로 보인다.

3 AI 활용이 학습자에게 미치는 영향

AI 사용은 학습자에게 어떤 영향을 미치고 있을까? 챗지피티와 같은 AI 도구는 학업 수행에 필요한 다양한 과제를 해결하는 데 탁월한 능력을 보여 준다. 대학생들은 인공지능의 이러한 기능을 적극적으로 활용하고 있다. 최근 조사에 따르면 대학생의 80%가 학업을 위해 AI 도구를 사용하는 것으로 보고되고 있는데, 주로 개념 설명, 글 요약, 검색, 글쓰기 용도로 사용했다(Contractor & Reyes, 2025).

인공지능 사용이 가져오는 학습 효과에 대해서는 긍정적인 결과와 부정적인 결과가 동시에 보고되고 있다. 한편에서는 학습에 **AI 도구를 활용하면 학생들이 수업에 더 적극적으로 참여하며, 학습 동기가 높아지고, 창의력도 좋아진다**는 연구 결과들이 존재한다(Mahapatra, 2024;

Sutrisman et al., 2024; Urban et al., 2024; Yulmaz & Yilmaz, 2023).

마하파트라(Mahapatra)는 영어를 제2 외국어로 배우는 대학생들에게 챗지피티를 활용한 글쓰기 피드백이 어떤 영향을 미치는지 살펴보았다(Mahapatra, 2024). 연구에 참여한 학생들은 글쓰기 수준을 미리 측정받은 뒤 글쓰기 학습을 시작했다. 한 그룹은 챗지피티 사용법을 익힌 후 이를 활용하여 자신의 글과 친구의 글에 대한 피드백을 받으며 글쓰기를 배웠고, 다른 그룹은 챗지피티 없이 학습을 진행했다. 글쓰기 수업이 끝난 후 두 그룹 모두 다시 시험을 보았다. 시험에서는 학생들이 150단어 분량의 글 3편(예: 'iOS와 안드로이드 OS 비교하기', '꾸준한 운동이 정신건강에 미치는 효과' 등)을 작성하였고, 교사와 연구자는 학생들이 작성한 글을 내용, 구성, 문법, 어휘 측면에서 평가하였다. 연구 결과, 챗지피티를 피드백에 활용한 그룹의 글쓰기 실력이 챗지피티를 사용하지 않은 그룹보다 더 좋았으며, 학생은 챗지피티 사용 경험을 긍정적으로 평가했다.

국내에서 정남숙(2024)은 대학생을 대상으로 영어 구문 분석과 작문 향상을 목적으로 하는 '입문영어구조' 글쓰기에 챗지피티3.5를 활용하였다. 수업은 10주 동안 진행되었는데, 실험 조건에서는 매주 2시간의 수업 시간 동안 예문 영작, 대체 어휘 찾기, 오류 수정 등에 챗지피티를 활용하는 것을 보여 주었고 챗지피티 사용법을 안내하였다. 통제 집단은 전통적인 수업 방식대로 진행되었고 챗지피티 사용을 전혀 하지 않았다. 수업 전후의 사전 검사와 사후 검사에서 학생들의 글쓰기 능력이 측정되었다. 글쓰기 검사는 토플 시험의 의견 에세이(opinion essay)와 유사한 형태로 특정 주제에 대한 자신의 견해를 이유, 예시를 들어 300단어 이상으로 작성하는 것이다. 두 집단 모두 글쓰기 수업 이후 영어 쓰기 능력이 향상되었으나, 향상의 정도는 챗지피티를 사용한 실험 집단에서 더 크게 나타났다. 실험 집단의 경우 평균이 65점에서 84점으로 통계적으로 유의하게 향상되었으나, 통제 집단은 64점에서 69점으로 증가하여 향상이 유의미하지 않았다. 이러한 결과는 AI 도구 사용이 학생들의 학습 성과와 참여도를 높이는 데 기여할 수 있음을 보여 준다.

하지만 인공지능 사용의 효과가 특정 영역에 국한되거나, 시간이 지남에 따라 감소한다는 보고도 존재한다. 이는 인공지능 사용의 효과가 일정 부분 **신기성 효과(novelty effect)**에 기인함을 시사한다(Wu & Yu, 2024). 무엇보다 인공지능 도구 사용이 부정적인 학습 효과를 야기할 수도 있다는 결과가 보고되고 있다(Bašić et al., 2023; Bastani et al., 2025; Zhai et al., 2024).

바스타니(Bastani)와 동료들은 고등학교 수학 교육에서 챗지피티를 튜터로 활용했을 때의 효과를 알아보았다(Bastani et al., 2025). 연구는 세 조건으로 나누어 진행되었다. 기본 챗지피티-4를 사용한 조건(지피티 베이스 조건), 교육에 적합한 프롬프트가 적용된 챗지피티를 사용한 조건(지피티 튜터 조건), 그리고 챗지피티를 사용하지 않은 통제 조건이 존재하였다. 학생들은 세 조건에서 수학 연습 문제를 푼 다음, 도구 없이 시험을 치렀다. 연습 문제 풀이에서는 챗지피티를 사용한 두 조건(지피티 베이스 및 지피티 튜터 조건)의 수행이 가장 우수하였다. 통제 조건과 비교할 때 지피티 베이스 조건은 48%, 지피티 튜터 조건은 127% 더 우수한 수행을 보였다. 그러나

이러한 효과는 최종 시험 성적에서는 나타나지 않았다. 연습 문제 풀이 과정에서 지피티를 사용한 조건의 최종 시험 성적은 통제 조건과 차이가 없거나(지피티 튜터 조건), 오히려 17% 감소하였다(지피티 베이스 조건). 인공지능이 제공하는 답변을 단순히 수용하는 경우 학습자는 내용에 대해서 세심한 주의를 기울이거나 여러 각도에서 검토할 필요가 없게 되고 그 결과 문제 풀이 능력의 향상으로 연결되지 않은 것으로 보인다. 이러한 결과는 **인공지능 사용이 후속 학습 및 인지 능력 발달에 부정적인 영향**을 미칠 수도 있다는 것을 시사한다.

인공지능 사용이 **뇌의 전반적인 활동성을 감소**시키는 결과를 낳는다는 보고도 존재한다(Kosmyna et al., 2025). 인공지능을 사용해서 글을 작성한 집단과 도구 없이 사용한 집단의 뇌파를 비교한 결과 뇌만 사용해서 글을 작성한 집단은 광범위한 뇌의 활동성과 연결성을 보여 주었으나 인공지능을 사용해서 글을 작성한 집단은 제한된 연결성과 활동성을 보였다. 인공지능을 사용해서 글을 작성한 집단의 경우 자신이 쓴 글을 제대로 기억하지 못했고 글에 대한 소유감도 낮았다([더 알아보기] 참고). 또한 인공지능 도구 사용은 학생들의 성적 및 학업 문제와도 관련이 높았다. **챗지피티 사용이 많다고 답변하는 학생들일수록 학업 성적이 낮았고 비판적인 사고 능력이 부족**하였다(Abbas et al., 2024; Carvajal et al., 2024; Contractor & Reyes, 2024; Gerlich, 2025). 챗지피티 사용이 많아질수록 **미루기(procrastination)가 증가**하고(예: 마지막 순간에 가서야 일을 시작하고 제시간에 마치는 것이 어렵다), **기억 문제(예: 요즘 나는 종종 할 일을 잊어버린다)를 더 많이 보고**하였다(Abbas et al., 2024).

사람의 인지 능력은 사용하지 않으면 퇴화한다. 뇌는 가소성을 가지고 있다. 많이 사용하는 영역은 발달하지만, 사용하지 않는 영역은 퇴화하거나 다른 기능에 의해서 대체된다(Cowan et al., 2021; Hejtmánek et al., 2018; Maguire et al., 2006; Miola et al., 2024). 중요한 것은 도구를 사용하는 것 자체가 아니라 도구를 **어떻게 사용하는가**이다. 인공지능은 인간의 잠재력을 증폭할 수 있는 도구이지만, 지적 능력을 기르기 위해서 필수적인 활동을 회피하는 수단으로 사용된다면 학생들의 능력 개발에 부정적인 영향을 미칠 수밖에 없다.

AI 도구를 사용하여 과제를 할 때 발생하는 또 다른 문제는 **자신의 능력이나 기여에 대한 평가가 부정확해진다**는 것이다. 자신이 한 작업과 인공지능이 한 작업 간의 경계가 분명하지 않아서 일종의 **유령 작가 효과**(ghostwriter effect) 또는 **위약 효과**(placebo effect)가 나타날 수 있다. 이는 학생들의 자기 주도 학습에 부정적으로 작용할 수 있는데, 자기 주도 학습의 주요 요건은 스스로 자신의 부족한 점을 제대로 모니터링하고 이를 바탕으로 과제 수행에 필요한 활동과 자원을 할당하는 것이다. 자신의 능력과 수행에 대한 부정확한 평가는 적절한 학습 활동과 노력을 계획하고 실행에 옮길 수 없다는 것을 의미한다.

요약하면 대학교육에서의 AI 활용은 긍정적인 효과와 부정적인 효과를 모두 가져온다. 학생들의 참여도 향상, 좌절감 감소, 정서적 안녕 증진과 같은 긍정적인 효과가 존재하는 동시에 AI에 대한 과도한 의존이나 무비판적인 수용으로 인한 비판적 사고, 의사결정, 창의성 발달 저해 같은 부정적인 효과가 보고되고 있다. 불안, 스트

레스, 사회적 고립, 프라이버시 우려와 같은 위험도 존재한다. 이러한 복합적인 영향을 고려할 때 학업 수준, 사용 맥락, 수업의 목표 등을 고려하여 AI 사용을 설계하고 조절하는 것이 필요하다.

기계가 인간처럼 또는 인간보다 더 글을 잘 작성하고 코딩을 할 수 있다. 하지만 그 결과를 이해하고 의미화하는 일은 여전히 인간의 몫이다. 무분별한 인공지능 사용이 가져올 수 있는 사고력 감퇴 현상은 인공지능이 인간의 사고 능력을 위태롭게 만들 수 있다는 경고를 보내고 있다. 우리가 만든 AI로 인하여 스스로 생각하기를 포기한다면 그것이야말로 인간이 만들어 낸 비극이 아닐 수 없다. AI를 어떻게 활용하느냐의 문제는 결국 **인간의 사고와 학습을 어떻게 지킬 것인가의 문제**와 맞닿아 있다. AI의 발전이 학습을 돕는 도구가 될지, 아니면 사고를 마비시키는 편의 장치가 될지는 우리가 지금 어떤 선택을 하느냐에 달려 있다. 우리가 진정으로 고민해야 할 것은 'AI가 얼마나 똑똑해졌는가?'가 아니라, AI와 함께 살아가는 인간은 여전히 사유할 수 있는 존재인지, 인간이 사유할 수 있는 존재로 남기 위해서 인공지능을 어떻게 수용하고 활용할 것인지이다. 다음 장에서는 똑똑해지는 AI와 생각하지 않는 인간이라는 현 상태가 대학교육에 야기하는 혼란에 대해서 살펴본다.

MIT 뇌파 연구

2025년 봄 MIT 미디어랩을 중심으로 한 연구팀은 흥미로운 연구 결과를 보고했다(Kosmyna et al., 2025). 연구자들은 챗지피티와 같은 거대언어모델(Large Language Model: LLM) 도구를 글쓰기에 사용하는 것이 미치는 영향에 대해서 살펴보았다. 연구는 18~39세의 대학생과 대학원생 54명을 대상으로 실시되었다. 참가자들은 주어진 주제에 대해서 20분 동안 에세이를 작성하였다([그림 1-2] 참고).

> 많은 사람은 개인, 조직, 또는 국가에 대한 충성심이란 어떤 상황에서도 무조건적이고 의심 없는 지지를 의미한다고 믿습니다. 이들에게 있어서 지지를 철회하는 것은 곧 충성을 배신하는 행위로 간주됩니다. 그러나 진정한 충성이란 때로는 우리가 충성을 바치는 대상에 대해 비판적일 것을 요구하지는 않을까요? 우리가 그들이 잘못되었다고 믿는 행동을 하고 있음을 본다면, 진정한 충성은 우리가 비판적일지라도 목소리를 내는 것을 요구하지 않겠습니까?
>
> **과제: 진정한 충성은 무조건적인 지지를 요구할까요?**

그림 1-2 에세이 주제 예시

출처: Kosmyna et al. (2025).

참가자들은 세 조건 중 하나에서 에세이를 작성하였다. 일부는 챗지피티를 사용하였고(LLM 조건), 일부는 검색 엔진만 사용했으며(검색 엔진 조건), 나머지는 오직 자신의 두뇌만 사용해서 글을 작성하였다(두뇌만 조건)(〈표 1-1〉 참고).

표 1-1 코스미나 등(Kosmyna et al., 2025) 연구의 세 글쓰기 조건

조건	설명
LLM	• 인공지능 도구 챗지피티를 사용하여 에세이를 작성하였다. • 챗지피티 계정이 제공되었고 세팅을 변경하거나 대화를 삭제하지 않도록 지시되었다. • 다른 웹사이트나 도구 사용은 금지되었다.
검색 엔진	• 검색 엔진, 구글을 활용할 수 있었다. • 챗지피티 사이트만 제외하고 어떤 사이트도 방문할 수 있었다.
두뇌만	• 인공지능이나 검색 엔진 도움 없이 자신의 힘으로 에세이를 작성하였다. • 웹사이트 또는 챗지피티 사용은 금지되었다.

세션 1~3에서 참가자들은 위의 세 조건에서 에세이를 작성하였다. 세션 4 참여는 선택 사항이었는데, LLM 조건과 두뇌만 조건의 글쓰기 상황을 바꾸어 LLM 조건에 속한 참가자들은 도구 없이 에세이를 작성하였고, 두뇌만 조건의 참가자들은 챗지피티를 사용하여 에세이를 작성하였다(〈표 1-2〉 참고).

표 1-2 조건에 따른 세션별 글쓰기 과제

조건	세션 1	세션 2	세션 3	세션 4
LLM	LLM을 사용한 글쓰기			도구 없이 두뇌만 사용하여 글쓰기
검색 엔진	검색 엔진을 사용한 글쓰기			[참가자 없음]
두뇌만	도구 도움 없이 두뇌만 사용한 글쓰기			LLM을 사용한 글쓰기

연구자들은 LLM 사용의 효과를 알아보기 위해서 ① 에세이 작성 동안의 뇌파, ② 작성한 에세이의 언어적 특징, 그리고 ③ 글에 대한 참가자들의 기억력과 소유감을 분석하였다.

글에 대한 기억력 및 소유감 감소

조건에 따라 글에 대한 기억력과 소유감의 차이가 존재하였다. LLM을 사용한 참가자들은 에세이를 쓴 뒤 **자신의 글을 인용하거나 요약하는 데 어려움**을 보였다. 세션 1을 마친 후 '자신이 쓴 문장 하나라도 정확하게 인용'하라는 요청에 대해서 LLM 조건의 참가자 83%가 실패하였다. 반면, 두뇌만 사용한 조건과 검색 엔진 조건의 참가자들의 11%만 이러한 어려움을 보였다([그림 1-3] 참고). 세션 4에서는 앞의 세 세션에서 제시된 글 주제가 다시 제시되었는데, 두뇌만 조건의 참가자들은 세 주제를 모두 기억한 반면, LLM 조건의 참가자들의 30%만 세 주제를 모두 기억하였다.

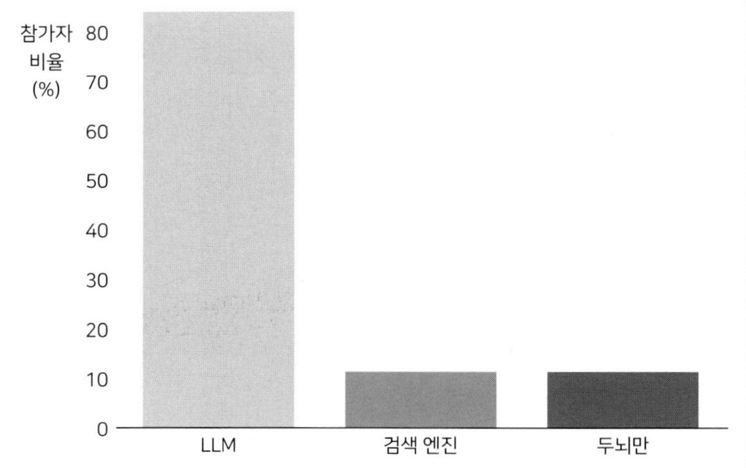

그림 1-3 세션 1에서 자신이 작성한 에세이를 기억하지 못한 참가자 비율
출처: Kosmyna et al. (2025).

세션 1을 마치고 참가자들에게 자신이 작성한 에세이에 대한 '소유감(ownership)'을 조사하였다. 두뇌만 사용한 조건에서는 89%의 참가자가 에세이에 대해서 '전적으로 내가 쓴 글'이라는 답변을 했지만, 검색 엔진 조건은 33%, LLM 조건은 50%만 같은 답변을 했다. '전혀 내가 쓴 글이 아니다'라는 답변은 두뇌만 조건과 검색 엔진 조건에서는 0%였던 반면, LLM 조건에서는 17%에 달했다. 작성한 에세이에 대한 만족도 또한 차이가 존재하였다. 검색 엔진 조건의 참가자들 100%가 만족한다고 답변한 반면, LLM 조건은 94.4%, 두뇌만 집단에서는 83.3%만 만족한다는 답변을 하였다.

에세이의 언어적 특성: 다양성 · 창의성

참가자들이 작성한 에세이 자연어처리(Natural Language Processing: NLP) 지표를 사용하여 분석한 결과, LLM 조건의 에세이는 내용 구조나 주제에 있어 높은 유사성을 보였고, 챗지피티 기본 응답과 유사한 패턴이 반복되는 경향이 뚜렷했다. 또한 LLM 조건은 네임드 엔터티 인식(Named Entity Recognition: NER)[1] 수가 많고 문장 길이나 단어 사용의 일관성은 높았으나, 독창성과 표현의 다양성은 상대적으로 낮았다. 또한 LLM 조건의 에세이는 대부분 정형화된 구조를 보이며, PaCMAP 분석[2]에서도 다른 그룹과 비교했을 때 중심값 근처에 밀집된 분포를 나타내어서 작성자 개인의 특성보다는 시스템이 만들어 낸 일정한 형식성을 보였다.

N-그램 분석[3] 결과에서도 LLM 조건은 동일한 구문을 반복적으로 사용하는 경향이 두드러졌으며, 특정 표현(예: 'perfect society', 'think', 'speak')을 반복적으로 사용하는 경향이 있었다. 이러한 결과는 LLM 조건 참가자들이 챗지피티가 제시한 표현을 비판 없이 수용하거나, 반복된 사용으로 인해 언어적 다양성이 부족한 글을 작성했음을 시사한다.

---

1) 엔터티(entity)란 사람 이름, 지명, 날짜, 조직 이름, 숫자 같은 '의미 있는 단어 덩어리'를 지칭한다. '김연아는 2010년 밴쿠버 올림픽에서 금메달을 땄다.' 같은 문장은 '김연아'라는 인물, '2010' 이라는 날짜 등의 엔터티로 구성된다. 네임드 엔터티(named entity)는 엔터티 가운데 고유명사 형태로 식별 가능한 것들을 지칭하고, NER은 네임드 엔터티를 자동으로 분류하고 분석하는 기술이다.

2) 문장의 의미를 숫자로 표현한 후, 지도처럼 시각화해 '어떤 글들이 서로 비슷하고 어떤 글들이 다른지'를 분석하는 기법이다.

3) 글을 일정 단위로 쪼개어 자주 등장하는 단어 패턴을 찾는 분석 기법이다.

뇌파 측정: 뇌의 연결성

연구자들은 전극 기반 뇌파 측정(electroencephalogram: EEG)을 통해 참가자들이 에세이를 작성하는 동안의 뇌 활동 패턴을 분석하였다. 에세이를 작성하는 것은 뇌의 특정 한 영역만이 활성화되어 이루어지는 것이 아니라 여러 뇌 영역이 협력하여 작동하는 복합적인 인지 활동이다. 특히 글을 작성하는 것 같은 의미를 처리하는 과제를 수행할 때 서로 다른 뇌 영역 간의 알파(α) 대역 **연결성이 증가**하는 현상이 관찰된다. 이러한 연결성의 증가는 언어, 기억, 주의력 등 다양한 인지 기능을 담당하는 뇌 네트워크들이 정보를 주고받으며 통합적으로 사고를 수행하고 있음을 시사한다.

세션 1~3 동안의 뇌파를 살펴본 결과 두뇌만 조건의 참가자들은 가장 강한 수준의 뇌 활성화와 연결성을 보였다([그림 1-4] 참고). 두뇌만 조건에서는 알파 대역의 의미 처리 네트워크가 LLM 조건보다 상당히 더 강하게 나타났는데, 이는 아이디어를 생성하고 결합하는 데 필요한 내부 주도 처리가 일어났음을 시사하였다. 반면, **LLM 조건 참가자들의 뇌 연결성은 다른 조건의 참가자들에 비해 현저히 낮았다.** 검색 엔진 조건의 참가자들은 중간 수준의 뇌 연결성을 보였는데, 두뇌만 조건보다 전반적인 뇌 연결성은 약했지만, 후두엽 및 시각 피질의 활동성 증가가 관찰되었다.

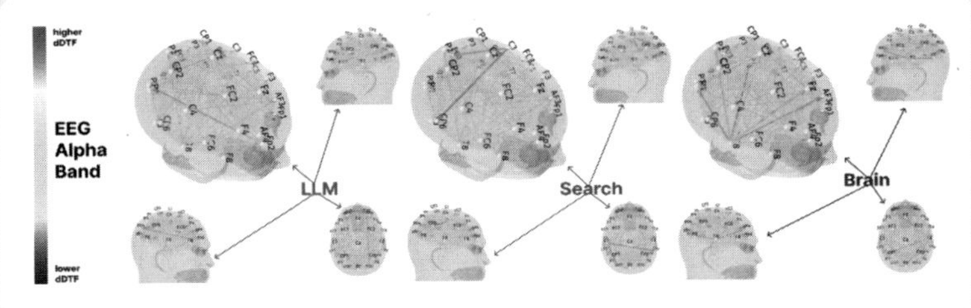

그림 1-4 **조건별 뇌 영역 간 방향성 연결 분석**

출처: Kosmyna et al. (2025).

세션 4에서는 이전과 반대되는 상황에서 글쓰기 과제가 수행되었다. 세션 3까지 LLM을 사용해서 글을 작성하다가 세션 4에서는 두뇌만 사용해서 에세이를 작성한 경우, 참가자의 뇌 연결성은 이전과 마찬가지로 낮은 수준에 머물렀다. 알파 및 기타 파형의 활동은 눈에 띄게 약했고, 시각적 통합 능력과 주의 집중도가 낮은 수준에 머물러 있었다. 반면, 이전에 두뇌만을 사용해서 글을 작성하다가 세션 4에서 LLM을 사용한 참가자들의 경우 여전히 뇌의 다양한 부위에서 활발한 활성화가 관찰되었다. 이러한 결과는 사전에 스스로 글쓰는 훈련을 통해서 관련 뇌 네트워크가 활성화된 경우 도구의 사용이 뇌 활성화에 부정적인 영향을 주지 않았음을 의미한다. 즉, 도구 사용 자체가 뇌 활성화를 항상 낮추기보다는 충분한 사전의 비도구 기반 경험이 중요함을 시사한다.

이 연구 결과를 종합하면, 챗지피티와 같은 생성형 AI를 활용한 에세이 작성은 단기적으로는 **편의성과 언어적 완성도** 측면에서 분명한 이점을 제공한다. 하지만 **장기적으로는 뇌 활동의 감소, 기억 저하 등 학습 능력 전반의 저하라는 대가**가 존재할 수 있다. 즉, 즉각적인 편리함과 언어적 완성도라는 장점 뒤에는 사고력, 기억력, 자율적 문제해결력 같은 학습 핵심역량의 발달 저하라는 대가가 존재할 수 있다는 것이다.

제2장

대학으로 들어온 AI: 대학의 혼란

정부는 '인공지능의 적극적 활용'을 강조하고, 산업계는 이미 AI를 핵심 동력으로 삼아 빠르게 재편되고 있다. 그렇다면 이러한 거시적인 변화 속에서 미래 인재를 양성해야 하는 대학은 어떻게 대응하고 있는가? 2022년 챗지피티의 등장은 교육 현장에 거대한 파장을 일으켰다. 대학은 전례없는 급속한 변화 속에서 '정답을 잘 만드는 AI가 상수가 된 환경'에서 무엇을 지키고 무엇을 바꿀지 모색하고 있다. 이 장에서는 먼저 AI 기술이 어떤 경로로 대학사회에 충격을 주었는지 그 배경을 짚고, 그로 인해 변화하는 교육 현장의 고민을 들여다볼 것이다.

그림 2-1 AI 시대와 대학의 고민(AI 생성 이미지)

1 기술 발전과 교육 환경의 변화

2023년 봄, 국내 주요 대학 온라인 커뮤니티에 이상한 현상이 나타났다.[1] '챗지피티로 과제했더니 A 받았다.', '코딩 과제 챗지피티한테 물어봤더니 완벽하게 고쳐 줬다.'는 게시글이 연일 올라왔다. 한 대학의 챗지피티 활용법 공유 단톡방은 개설 며칠 만에 정원 1,500명이 다 찼다.

새 학기가 시작되자 교수들은 낯선 상황과 마주했다. 학생들의 과제물이 달라진 것이다. 이전 학기와 비교해 문장의 완성도가 급격히 높아졌다. 그런데 이상했다. 한 강의에서 30명 학생의 과제 중 절반 가까이가 유사한 문체와 구조를 보였다. 학생과 면담을 진행

1) 이 부분은 김태주 외(2023년 2월 10일)의 기사 내용을 재구성했음.

했을 때, 학생은 자신이 제출한 과제의 핵심 내용을 제대로 설명하지 못했다.

문제는 이것이 학칙 위반인지조차 불명확하다는 점이었다. 기존의 표절 기준으로는 판단할 수 없었다. 학생이 AI를 '참고'한 것인지 '대신 쓰게' 한 것인지 구분할 방법이 없었다. 시중의 AI 탐지 프로그램을 써 봤지만 오탐률이 높았고, 학생이 AI 생성 텍스트를 조금만 수정하면 감지되지 않았다.

대학들은 갈팡질팡했다. 대학의 대응은 금지 · 사용 사실 공개 · 활용교육으로 갈렸으며 공통 기준은 없었다. 이 혼란은 어디서 시작된 것일까? 그 출발점을 이해하기 위해서는 몇 년 전으로 거슬러 올라가야 한다.

1) 트랜스포머: 변화의 시작

2017년, 구글 브레인 팀이 논문 「Attention Is All You Need」를 발표했다. 이 논문에서 제안된 **트랜스포머(transformer)**라는 구조가 이후 언어 AI의 발전을 근본적으로 바꿔 놓았다. 그 이전의 언어 모델은 텍스트를 앞에서부터 한 단어씩 순차적으로 처리했다. 트랜스포머는 접근 방식 자체를 바꿨다. 문장 전체를 동시에 보고, '어텐션(attention)' 메커니즘으로 단어들 간의 관계를 파악한다. 예를 들어, '고양이가 매트 위에 앉아 있다.'에서 '고양이'를 이해할 때, '앉다', '매트'와의 관계에 집중하고 조사 '가', '에'는 덜 주목한다. 전체 맥락 속에서 중요한 연결을 찾아내는 방식이다.

이 구조를 기반으로 지피티(Generative Pre-trained Transformer: GPT) 시리즈가 개발됐다. 모델 규모와 학습 데이터가 증가하면서 점차 복잡한 텍스트를 생성하고 질의응답과 글쓰기 능력이 빠르게 향상되었다. 2022년 11월 30일, OpenAI는 지피티 기술을 대화형 인터페이스로 구현한 챗지피티를 공개했다. 출시 5일 만에 사용자 100만 명을 넘어섰고, 두 달 만에 1억 명에 도달했다. 그 당시 역사상 가장 빠르게 확산된 기술 서비스였다. 대학가에 충격파가 전달되는 데는 석 달도 걸리지 않았다.

2) 교육 현장에 나타난 변화

챗지피티의 확산은 대학교육 현장을 구체적으로 바꾸었다. 특히 학생들의 글쓰기 능력 분포가 변화되었다. 이전에는 글을 잘 쓰는 상위권 학생과 그렇지 못한 중하위권 학생 간의 차이가 뚜렷했지만, 이제는 '준수한 수준'의 과제가 급증했다. 완벽한 문법, 정연한 구조를 갖췄지만 깊이는 부족한 글들이었다. 개별 학생의 특징이 사라졌다. 전에는 각 학생의 사고방식과 표현 습관이 드러났고, 서투르더라도 개성이 있었다. 하지만 이제는 비슷한 어조, 유사한 문장 구조, 동일한 전개 방식을 가진 글들이 반복됐다. 가장 당혹스러운 건 면담이었다. 훌륭한 과제를 제출한 학생에게 "이 논지를 어떻게 전개했나요?"라고 물으면 명확히 답하지 못하는 경우가 생겼다. 글은 있는데 글쓴이의 이해는 없는 상황이었다.

한 인문학 교수는 이렇게 말했다. "20년간 학생 글을 읽으면서 느

낀 건, 좋은 글이든 서툰 글이든 그 안에 고민의 흔적이 있다는 거였어요. 그런데 요즘은 완성도는 높은데 과정이 보이지 않아요. 마치 공장에서 찍어 낸 것 같습니다."

대학들은 대응책을 모색했지만 혼선만 가중됐다. 그리고 더 본질적인 질문들이 제기되기 시작했다. 우리는 왜 학생들에게 리포트를 쓰게 하는가? 글쓰기를 통해 무엇을 평가하려는 것인가? AI가 더 나은 결과물을 만든다면, 학생의 '역량'이란 무엇인가? 한 경영학과 교수는 동료들과의 회의에서 이렇게 말했다. "솔직히 우리 과제 중 상당수는 '정보 정리 및 재구성' 능력을 보는 겁니다. 그런데 AI가 그걸 더 잘한다면, 우리가 지금까지 평가해 온 게 진짜 중요한 능력이었는지 되묻게 됩니다."

3) 멀티모달 AI: 위험 영역의 확장

2024년, AI는 텍스트를 넘어 시각 · 청각 영역으로 확장되었다. OpenAI의 지피티-4o(공개일: 2024년 5월 13일)는 텍스트, 음성, 이미지 입력과 출력을 모두 지원하는 최초의 대중용 멀티모달 모델이었다(OpenAI, 2024). 이후 2025년 초에는 구글의 제미나이 2.0 Flash/Pro가 유사한 구조를 갖추고 공개되며 멀티모달 경쟁이 본격화되었다(Team Gemini, 2025).

이제 학생들은 교과서 페이지, 수식, 그래프, 심지어 손글씨를 AI에게 사진으로 보여 주며 설명을 들을 수 있다. 화학, 물리, 통계, 생명과학 등 거의 모든 영역에서 AI가 시각적 정보를 해석하고 정답을 제시하기 시작했다. 아직까지 복잡한 그래프나 도면의 세부 요소를 항상 정확히 해석하지는 못하며, 손글씨 인식률도 품질에 따라 달라지는 등 완벽하지는 않다. 그러나 분명한 건, 'AI가 못하는 과목'이 점점 줄고 있다는 사실이다.

4) 추론 능력의 발현

인공지능의 진화는 단순히 '말을 잘하는 기계'의 수준에서 멈추지 않았다. 2024년, AI는 새로운 국면으로 접어들었다. 복잡한 문제를 단계적으로 분석하고 풀이하는, 즉 **생각하는 과정을 모사하는 능력**을 갖추기 시작한 것이다.

OpenAI는 2024년 9월 o1-preview를 공개했고, 같은 해 12월에 정식 버전을 발표했다. 이후 2025년 6개월이라는 시간 안에 o3-mini, o3, o3-pro를 차례로 출시했다. 이 모델들은 결론에 이르는 **사고의 경로**를 보여 주는 새로운 방식을 도입했다. 문제를 받으면 곧장 답을 말하는 대신, 다음과 같이 설명한다.

> "먼저 이 조건을 확인하고, 다음으로 이 식을 변형한 뒤, 최종적으로 이런 결론에 도달했습니다."

마치 학생이 수학 문제를 풀 때 풀이 과정을 적어 내려가는 것처럼, AI는 이제 자신이 도달한 답의 '이유'를 함께 제시하기 시작했다.

이것을 가능하게 한 핵심 기술이 바로 **사고의 사슬**(Chain of Thought:

CoT)이다. 과거 모델들이 학습 데이터 속 패턴을 통계적으로 연결했다면, 새로운 모델은 중간 추론 단계를 스스로 구성하며, **사유의 흐름을 계산 과정 안으로 끌어들였다.**

이 변화의 결과는 놀라웠다. OpenAI의 o1 모델은 **미국 수학경시대회**(American Invitational Mathematics Examination: AIME) **예선** 수준의 문제에서 약 **83%의 정확도**를 기록했고, 프로그래밍 사이트 **코드포스**(Codeforces)에서는 **상위 11% 수준**(**89번째 퍼센타일**)의 성능을 보였다. 이제 AI는 단순한 언어 모델이 아니라, 수학·코딩·과학 문제해결 능력에서 인간의 전문 영역을 직접 위협하는 존재로 진입한 셈이다.

이 변화가 대학에 미친 영향은 즉각적이었다. 수학의 미적분, 선형대수, 미분방정식 문제를 단계별 풀이와 함께 제시하는 AI의 능력은 학생들의 학습 동기를 근본적으로 흔들었다. "문제를 직접 풀어 보려다가 막히면, 그냥 AI한테 물어봐요. 그럼 단계별로 다 알려줘요. 혼자 끙끙대는 것보다 훨씬 빠르고 정확하잖아요." 한 물리학과 학생의 말이다. 문제는 그 '끙끙대는 과정'이 바로 사고력의 핵심이라는 점이다. 본질은 답을 맞히는 데 있는 것이 아니라, 문제와 씨름하며 개념을 체화하는 데 있다. 하지만 AI가 그 과정을 대신하게 되면서, 학생들의 **사고 근육**이 점점 약화되고 있다.

2025년 상반기, 여러 대학 교수 모임에서 같은 질문이 나왔다.

"이제 어떤 과제를 내야 하나?"

2025년 7월, 호주 퀸즐랜드의 선샤인 코스트에서 열린 제66회 국제수학올림피아드(IMO)에서 놀라운 일이 벌어졌다. 구글 딥마인드는 자신들이 개발한 **제미나이 딥싱크**의 고도화 버전을 공식적으로 IMO 채점위원단에 제출했고, **6문제 중 5문제를 완벽하게 풀어내어 42점 만점 중 35점을 획득**, 금메달 기준 점수를 달성했다는 발표가 있었다(DeepMind, 2025). 딥마인드는 이번 결과를 단순한 퍼포먼스 시범이 아니라, AI가 **자연어 형태로 문제를 읽고 그 문제를 증명 형식으로 풀어내는 일련의 능력**을 갖추었다는 선언으로 보았다. 이 발표가 지니는 의미는 크다. 지금까지 수학 올림피아드 수준의 문제는 대체로 형식 논리 시스템이나 수학에 특화된 기법을 사용하는 AI, 또는 증명 보조 시스템이 도전해 왔지만, 이번에는 '일반 언어 기반 AI 모델이 스스로 사고 과정을 구성해 푼다.'는 메시지를 던졌다는 점이다.

다만 유의할 점도 있다. 이 성과를 뒷받침하는 연구에서 후앙(Huang, 2025)은 제미나이 2.5 프로나 챗지피티-5와 같은 최첨단 모델이라 할지라도, 단일 모델이 독자적으로 문제를 해결하려 했을 때의 정답률은 30%대에 불과했음을 밝혔다. 금메달급 성과는 모델의 잠재력을 단순히 출력을 생성하는 데 그치지 않고, 생성된 풀이를 스스로 비평하고 오류를 수정하는 '**검증 · 수정 파이프라인**(verification-and-refinement pipeline)' 내에서 운용했을 때 비로소 달성된다는 것이다. 즉, 이는 단순히 더 똑똑한 모델의 등장을 넘어, AI가 내놓은 일차적 산출물을 논리적으로 재검토하고 정교화하는 방법론적 설계가 핵심적으로 작용했음을 시사한다.

5) AI 에이전트: AI가 스스로 움직이기 시작하다

한 경영학과 교수가 조별 프로젝트를 채점하다가 멈칫했다. 30쪽짜리 시장 분석 보고서가 너무 완벽했다. 경쟁사 분석, 소비자 설문, SWOT 분석, 전략 제안까지 모두 매끄러웠다. 그러나 발표 자리에서 학생들은 질문에 제대로 답하지 못했다. "데이터는 어디서 모았나요?", "왜 이 전략을 택했죠?" 잠시 침묵이 흐른 뒤, 한 학생이 말했다. "사실……. 챗지피티의 **딥리서치** 기능을 썼어요. 주제만 입력하면 알아서 찾아서 정리해 주거든요." AI는 이제 질문에 '답하는' 수준을 넘어, 스스로 **탐색하고 사고하며 결과를 산출하는 존재**로 바뀌고 있었다.

2025년 2월, OpenAI는 챗지피티에 **딥리서치**라는 에이전틱 기능을 추가했다. 이 기능은 사용자가 주제만 던지면 스스로 웹을 탐색하고, 신뢰할 출처를 분석하고, 사고 과정을 단계별로 보여 주며 종합 보고서를 작성한다(OpenAI, 2025). 예전처럼 "자료 찾아 줘 → 분석해 줘 → 보고서로 정리해 줘" 여러 번 명령할 필요가 없다. AI가 스스로 계획하고 실행하기 때문이다.

마치 인간 조교처럼 스스로 계획하고 실행하는 AI의 등장은 대학 과제를 근본부터 흔들었다. "AI가 더 정확하고 빠른데, 왜 제가 2주 동안 자료를 찾아야 하나요?" 학생의 말에 교수는 할 말을 잃게 된다. 그러나 교수의 의도는 '결과물'이 아니라 **과정 속의 사고 훈련**이었다. 자료를 찾고, 비교하고, 비판하며 자기 관점을 세우는 경험. 그 핵심이 AI의 등장으로 사라지기 시작한 것이다.

6) 에이전틱 AI: 스스로 사고하고 협업하는 인공지능

2025년, 구글은 제미나이 2.0을 기반으로 한 AI Co-Scientist를 발표했다(Gottweis & Natarajan, 2025). 이 시스템의 핵심은 **하나의 AI가 아니라 여러 AI의 협업**이다. 아이디어를 제안하는 에이전트, 문헌을 조사하는 에이전트, 실험을 설계하는 에이전트, 비판적 검토를 맡는 에이전트가 서로 대화하며 결과를 다듬는다. 마치 한 연구팀이 브레인스토밍하듯 의견을 교환하고 수정하며, 하나의 연구 계획을 완성해 가는 것이다(Gottweis et al., 2025).

발표 데모에서 AI Co-Scientist는 '미세플라스틱이 토양 미생물에 미치는 영향'이라는 주제에 대해 10개의 연구 질문을 생성하고, 각 가설과 실험 설계, 예상 변수, 선행연구의 차별점을 단 15분 만에 정리했다.

이 기술은 대학원 교육에 더 큰 충격을 주었다. 연구 계획서를 직접 설계하던 학생들이 이제는 AI Co-Scientist의 제안 중에서 '괜찮은 옵션'을 고르는 수준으로 바뀌기 시작했다. AI가 연구의 '질문, 방법, 해석'을 대신 설계하는 순간, '연구한다'는 행위의 본질이 흔들리기 시작했다. 과학철학자들이 지적하듯, 연구는 답을 찾는 과정이 아니라 **질문하는 법을 배우는 일**이다. 그런데 AI는 질문 없이 답을 낸다. 이건 연구의 보조가 아니라, **연구의 대체**이다.

이제 대학은 기술을 따라잡는 경쟁이 아니라, **기술 이후의 학습이 무엇인가**를 묻는 단계에 이르렀다. AI가 답을 대신하는 시대에, 학생이 스스로 사고하고 탐구하도록 만드는 교육은 어떻게 가능할까?

대학의 위기는 바로 이 질문 앞에 있다.

그림 2-2 혼란의 얼굴: 결과물 vs. 경로(AI 생성 이미지)

7) 직업 환경의 변화

인공지능의 발전으로 **전통적인 직업들이 사라지거나 변화**할 것이라는 전망이 지배적이다. 이미 선진국에서는 인공지능으로 취업 기회가 줄기 시작했다거나(윤재준, 2025년 7월 14일), 디지털 전환과 인공지능 기반의 업무 재편이 본격화되면서 MZ세대도 희망퇴직의 대상이 된다는 내용(김현주, 2025년 8월 8일)과 같은 기사들에서 이러한 현상의 시작을 엿볼 수 있다. 반복적이고 예측 가능한 업무는 자동화될 가능성이 크다. 반면, 신뢰 · 공감, 창의와 판단이 중요한 일은 여전히 인간의 영역으로 남을 것으로 예상된다. 대학은 지식 전달을 넘어, 복잡한 현실의 문제를 해결하고, 여러 분야 지식을 융합하고 적용하는 경험을 제공해야 할 것이다. 또한 실무 능력을 지닌 인재를 양성하는 것에 그치지 않고 대학이 실질적인 사회 문제해결에 기여해야 한다는 요구도 증가하고 있다. 기후 변화, 빈곤, 건강 등 사회가 당면한 문제와 이슈에 대한 해결책을 모색하는 주체로서의 대학의 역할에 대한 요구도 커지고 있다.

2 핵심 교양교육에서의 고민: 외국어 과목, 코딩 교육, 글쓰기 교육

앞서 살펴보았듯이, AI의 발전은 특히 대학의 핵심 교양인 외국어, 코딩, 글쓰기 교육의 방향성에 대한 도전장을 던지고 있다. 물론 현재 대학 현장에서 AI 관련 교양 및 전공 과목은 꾸준히 확대되고 있다. 그러나 인문학적 소양과 깊이 있는 사고 훈련을 중심으로 한 핵심적인 사고력 교육은 상대적으로 부족하다는 비판이 제기된다. 디지털 기기 보급과 AI 기술 발전으로 정보 접근성이 크게 향상되었음에도 불구하고, 독서량 감소와 앞서 제1장에서 논의했듯이 기본 문해력 약화가 동시에 나타나고 있기 때문이다. AI 시대에는 단순한 정보 수집 능력을 넘어, 정보를 비판적으로 분별하고 논리적으로 분석·해석하며, 이를 자신만의 관점으로 재구성하는 종합적 문해력이 더욱 중요해지고 있다(김종규, 원만희, 2022).

이러한 맥락에서 지금까지 대학 교양교육의 중심에 있었던 코딩, 외국어, 글쓰기 과목이 AI 시대에도 동일한 내용과 방식으로 유지되어야 하는지에 대한 근본적인 성찰이 필요하다. 전통적으로 코딩 교육은 SW 기초 역량, 외국어 교육은 글로벌 소통 능력, 글쓰기 교육은 사고력과 표현력 함양을 목적으로 운영되어 왔다. 그러나 생성형 AI의 발전으로 코드 자동 생성, 실시간 번역, 논문 작성 지원이 가능해진 상황에서, 단순히 코드를 작성하거나 원어민 수준 회화를 익히거나 정형화된 글쓰기 기법을 반복 학습하는 방식이 여전히 유효한지 재검토해야 한다.

외국어 교육의 예를 보자. 앞서 유사한 예에서 보았듯이, 외국어 수업에서 번역 과제를 부여했을 때 인공지능을 활용한다면, 적절한 단어 선택과 매끄러운 문장 생성으로 평균 점수는 올라갈 수 있을 것이다. 회화에서도 스마트폰 앱 하나로 외국인과의 대화가 가능해지고 있다. 그렇다면 과연 단어를 암기하고 복잡한 문법을 공부하는 지난한 학습의 과정이 필요한가 하고 학생은 반문할 것이고 학습 동기가 상실될 것이다.

코딩 교육의 예를 보자. 코딩 교육의 목표는 컴퓨터 언어의 문법을 배우고, '어떤 코드를 어떻게 효율적으로 작성할 것인가?'를 고민하며 복잡한 문제를 논리적으로 푸는 능력을 함양하는 것이다. 이를 위해 학생은 오류를 발견하고, 더 효율적인 알고리즘을 찾기 위해 고심하는 과정을 거쳐야 했다. 그런데 이제는 AI가 순식간에 완벽한 코드를 생성한다. 학생은 굳이 어렵게 씨름을 해야 하냐는 질문을 던지게 되고, 교수는 학생이 과제로 제출한 코드가 학생의 고민의 산물인지 구분하기 어려워진다. 결국 문제해결 과정의 생략이 적절한가라는 질문에 이르게 된다.

글쓰기 교육도 예외는 아니다. 글쓰기는 생각을 정리하고 발전시키는 과정으로서 의미가 있다. 자료를 찾고, 글의 개요를 짜고, 논리적으로 글을 작성하고, 작성한 문장을 다듬는 고단한 과정을 거쳐 하나의 글을 완성하게 되는 것이다. 그러나 이제는 AI에게 적절한 명령어를 입력하면, 서론, 본론, 결론을 갖춘 하나의 완성된 글을 금방 만들어 낼 수 있다. 이와 같은 사고과정의 실종은 글쓰기 교육의 딜레마가 된다. 이렇게 AI의 등장으로 대학은 핵심 교양교육 영역에서 기존의 교과과정이 여전히 유효한지 점검해야 하는 과제를 안게 되었다.

이는 해당 과목들의 필요성을 부정하는 것이 아니라, **교육의 목표와 접근 방식을 재설정**해야 한다는 의미이다. 코딩 교육은 효율적인 코드 작성 능력을 넘어 AI가 생성한 코드를 분석·검수하고, 새로운 문제를 정의해 AI 솔루션을 설계·구현하는 역량으로 확장되어야 한다. 외국어 교육은 단순 번역 능력보다 번역 결과물의 오류를 비판적으로 분석하고, 문맥과 문화적 요소를 보완하며, AI 번역을 활용한 글로벌 커뮤니케이션 전략을 구사하는 능력이 중시되어야 한다. 글쓰기 교육 역시 문장 구성 기술을 넘어 AI의 초안 작성 및 자료 검색 기능을 활용해 깊이 있는 콘텐츠를 기획·구성하고, 이를 논리적·비판적으로 표현하는 훈련으로 전환될 필요가 있다. 결국, AI 기술은 기존 교육을 전면 대체하는 것이 아니라 교육의 목적과 방향을 고도화하는 **촉매**가 되어야 한다. 이를 위해서는 각 교과목별로 AI 활용의 범위와 수준을 명확히 설정하고, 학생이 반드시 습득해야 할 인간 고유의 역량을 규정하며, 두 요소를 결합해 시너지를 창출하는 정책적·교육적 설계가 병행되어야 한다.

평가의 딜레마

평가는 교수자 입장에서는 늘 어렵다. **정확하면서도 공정한 기준**을 세우는 것이 힘들기 때문이다. 인공지능이라는 도구의 등장은, 교수자의 부담을 덜고 평가의 혁신을 만들 수 있지만, 잘못 쓰이면 교육 효과를 해칠 수 있다. 인공지능은 빠른 속도로 고도화되어서 추론도 가능해지는데, 인공지능을 활용한 과제와 학생이 직접 수행한 과제를 구분하는 것이 어려워지면서(Beckingham et al., 2024; Farazouli et al., 2024), 학생의 역량을 정확하게 평가하는 것이 더욱 까다로워졌다. 학생들은 인공지능을 활용할 수 있는 환경에 노출되어 있기 때문에, 전면금지는 현실적으로 쉽지 않다. 달라진 환경에서 무엇을, 어떻게 평가할지 새로운 방법을 찾아야 한다.

한편, 학생들의 부정행위만 강조하면, 오히려 학생들을 낙인찍는 결과를 낳으면서 인공지능 활용을 통한 교육역량 향상의 기회를 막을 수 있다는 지적도 있다(Luo, 2024). 따라서 논의의 범위를 인공지능의 부정적 영향을 어떻게 예방 및 통제할 것인가에만 가두지 말고, 어떻게 활용 및 지원해 줄 수 있는가도 포함해야 한다. 인공지능 등장의 긍정적인 측면은 그 혁신성에서 찾아볼 수 있다. 제5장에서도 다루겠지만, 인공지능을 활용한 개인 맞춤형 평가로 평가와 피드백을 동반한 학습 지원이 동시에 가능하여 학생의 역량을 향상시킬 수 있다. 또한 평가기준(루브릭, rubric)을 정교하게 설계하면 평가의 질을 보장할 수 있다. 예를 들어, 자동작문채점(Automated

Essay System: AES) 시 대규모 답안을 신속하게 평가하고, 채점자의 주관성 개입을 최소한으로 하여 객관성을 확보할 수 있다. 한 연구(Dai et al., 2023)에서 학생의 비즈니스 모델 제안서 작성 과제물에 대한 챗지피티와 인간 교수자의 피드백을 비교하였는데, 인공지능이 오히려 더 일관성 있고 능숙하게 피드백을 주었다고 밝혔다. 또한 교수자의 부담이 줄어들면서 학생과의 소통에 에너지를 더 집중시킬 수 있다는 기대도 있다(Shermis & Burstein, 2013).

인공지능 관련 평가에 대한 교수자 입장에서의 우려는 다음과 같다.

첫째, 책임 있게 사용하지 않을 때 발생하는 **학문적 진실성(academic integrity)** 문제이다. 학문적 진실성을 학생에게 적용하면, "학업수행 과정에서 지켜야 하는 바람직한 덕목으로 대학생의 학업수행 중 과제 및 보고서를 작성하는 과정에서 인용 및 출처 표시를 명확하게 하여 자신의 글과 다른 사람의 글을 분명하게 밝히는 태도, 시험 부정행위를 하지 않는 것, 협동학습의 과정에서 맡은 역할분담을 성실하게 수행하는 것"(이성흠 외, 2011, pp. 78-79)을 의미한다. 독립적 사고와 표현을 보려는 과제에 인공지능이 생각을 대신해 주고, 글을 대신 써 주는 등 과도하게 개입하면, 그 결과물을 학생의 것으로 보기 어렵다. 또한 인공지능 사용이 허용된 과제일지라도 인공지능이 생성한 내용의 출처와 기여도를 명확히 밝히지 않으면 표절 문제가 생길 수 있다. 예를 들어, 어떤 개념을 설명하는 인포그래픽을 작성하면서 인공지능을 사용하였다면, 그 부분에 대해서는 밝혀야 할 것이다.

관련 규정이 없다면, 학생은 무엇이 부정행위인지조차 모르기 쉽다. 학생의 표절이나 부정행위에 대한 우려는 새로운 것이 아니지만, 인공지능의 기능이 고도화되면서 이러한 행위에 대한 판별이 더욱 어려워졌다. 연세대학교의 AI 활용 집단 부정행위 논란(문상혁, 전율, 2025년 11월 9일)의 예는 평가와 관련된 혼란을 명확하게 보여 주고 있다. 따라서 인공지능과 관련된 학문적 진실성에 대한 대학 차원의 명확한 가이드라인이 매우 중요하다. 하버드대학교와 같은 해외 대학에서는 명예규율(honor code)과 함께 학생지침서(student handbook)에 인공지능 관련 학문적 진실성에 대해 제시하고, 교수자를 위해서는 수업별로 제시하라고 권고하면서 그에 대한 방법도 안내해 주고 있다(제6장 [더 알아보기] 참고).

둘째, 접근성의 **불평등 문제**가 있다. 유료 고성능 모델을 쓰는 학생과 무료 모델만 쓰는 학생 간의 격차가 평가에 영향을 줄 수 있다. 인공지능 도구에 따른 과제의 질 차이를 역량의 차이로 판단하고 평가한다면, 이것은 공정한 것일까. 역설적으로 인공지능이 교육 불평등을 해소할 수 있는 도구가 될 수도 있지만, 도구 접근의 공정성이 담보되는 인프라가 구축되지 않으면 평가의 공정성을 보장할 수 없다.

셋째, 평가 과정에서 활용되는 **데이터의 보호**는 어떻게 할 것인가. 개인 맞춤형 평가에서는 학생의 과제 및 학습 데이터가 쓰인다. 이러한 데이터에는 학생 개인의 민감 정보도 포함될 수 있다. 따라서 보안이 허술하면 권리 침해가 된다.

넷째, 언제나 빠지지 않는 **데이터의 편향성(bias)에서 오는 오류**의 문제가 있다. 아무리 고도화된 인공지능일지라도 기존 데이터의 편향성을 배제하지 않으면, 평가의 공정성을 해칠 수 있다. 특히 편견이나 선입견이 포함된 데이터라면 윤리적인 문제가 발생할 수 있다.

다섯째, **교수자의 부담**이 오히려 커질 수 있다. 도구의 학습, 인공지능이 제공하는 문제, 피드백 등의 점검, 그리고 인공지능으로 인한 형성평가 요소의 확대가 오히려 교수자의 초기 업무를 늘릴 수 있다.

이러한 인공지능의 긍정적 측면과 부정적 측면을 고려하여 평가에 대한 대학 차원의 원칙을 세우는 것이 중요하다. 일괄적으로 규칙을 정하는 것이 어려울지라도 적어도 교육의 목적을 고려하여 기본적으로 지켜야 할 원칙과 방향성을 대학구성원들과 소통하면서 가이드라인을 제시하는 것이 필요하다. **절대로 개인 교수에게 떠맡길 일이 아니라는 것**을 강조한다.

4 대학 차원 가이드라인의 부재

사회적 환경의 빠른 변화 속에서, 대학은 이 새로운 도구를 어떻게 활용할 것인가를 탐색하면서도 교육 및 연구기관이라는 중심을 잃지 않는 것이 중요하다. 그러기 위해서는 변화 속에서 혼란스러워하는 구성원들을 위한 기본 가이드라인을 제시할 필요가 있다.

유네스코(United Nations Educational, Scientific and Cultural Organization: UNESCO), OECD 같은 국제기구에서는 인공지능이 교

육에 미칠 영향력을 분석하고 교육정책을 세울 필요가 있다고 제안하였다(Lodge et al., 2023; UNESCO, 2021). 호주 정부 기관인 고등교육 품질 및 표준 기구(Tertiary Education Quality and Standards Agency: TEQSA)는 2023년부터 인공지능 관련 지침의 필요성을 강조해 왔다. 이에 따라 가이드라인인 『Gen AI strategies for Australian higher education: Emerging practice』를 발표했으며, 이후에도 연구 및 교육을 위한 추가 지침을 개발하는 등 대학교육 내 생성형 AI 대응을 위해 다각도로 노력하고 있다. 그런데 한국은 교육·과학기술 분야를 포괄하는 범정부 AI 전략이나, 단편적으로 초·중·고 교육에서의 윤리원칙(교육부, 2022), 교수법 가이드라인(한국교육학술정보원, 2024)에 대한 안내 정도만 있을 뿐 구체적인 내용은 제시하지 않고 있다.

대학 단위에서도 자체적인 가이드라인을 마련하고 있으나 아직까지는 혼란한 상황이라 할 수 있다. 해외 사례를 보면, 초기에는 홍콩대학교 등 일부 대학에서 생성형 AI의 활용을 대학정책에서 금지하였으나, 이제는 홍콩대학교를 포함하여 하버드대학교, 프린스턴대학교, 싱가포르 국립대학교, 호주 국립대학교 등 완전히 금지시키기보다는 학문적 정직성을 유지하는 선에서 활용하는 것을 허용하고 있다. 영국의 경우, 러셀 그룹(Russell Group, 24개의 공공연구대학협력체)에서 인공지능 관련 원칙을 담은 문서를 발표하였다([더 알아보기] 참고). 국내에서도 고려대학교, 중앙대학교, 연세대학교 등에서 관련 지침서를 작성하고 일부 홈페이지에 게재하기 시작하였다.

추가적으로 인공지능이 대학교육에 접목되면서 복잡해지는 교육 환경 속에서 학생들이 잘 적응할 수 있는 가이드라인도 필요하다. 예를 들어, 제2부에서 자세하게 다루겠지만, 발 빠르게 발전하는 AI 기술과 관련된 환경 변화에 발맞춰 융합교육, 전공선택 자유화, 개별 맞춤형 학습 등 학생들의 선택권이 증가할 때, 오히려 학생들에게는 혼란을 야기하고, 그들을 지도하는 교수자들도 혼란스러울 수 있다. 따라서 인공지능 시대 변환된 교육 환경 속에서 경험할 혼란을 줄이고 방향성을 잡아 줄 구체적인 진로 안내와 로드맵 제공이 중요하다. 대학교육의 환경을 구축하고 행정적 지원을 하는 교직원 또한 인공지능 관련 소용돌이 속에서 자유롭지 않을 것이다. 대학을 위한 소프트웨어와 서비스를 제공하는 회사에서 북미 고등교육기관의 교직원을 대상으로 조사한 바에 의하면(Ellucian, 2024), 80% 이상이 이미 인공지능을 업무와 사생활에서 사용하고 있다고 응답하면서도 동시에 인공지능을 사용하는 데 있어서 윤리적인 문제에 대해 우려를 표하였다.

최근 한 해외 연구 결과에 따르면, 기관 정책에서 인공지능 사용을 완전히 금지했을 경우 학생의 사용 의향이 39%p 감소한 것으로 나타났다(AI에디터, 2025년 8월 6일). 이와 같이 이러한 지침은 어느 정도 효과를 발휘할 것으로 보인다. 규제를 하면 발전을 할 수 없다는 말이 있지만, 우리는 지금 교육에 대한 이야기를 하고 있다. 혁신을 하되, 지켜야 하는 것은 무엇인가를 짚어 나가는 것도 교육기관의 의무일 것이다.

인공지능의 등장은 대학이 지식의 전달과 평가를 넘어, 무엇을

가르치고 어떻게 배워야 하는가라는 근본적인 질문과 마주하도록 만들고 있다. 기술은 교수와 학생 모두에게 새로운 가능성을 열었지만, 동시에 학문적 진실성 · 평가의 공정성 · 학습의 의미를 흔들고 있다. 대학의 혼란은 인공지능이라는 도구의 등장 때문이 아니라, 그 도구를 어떤 철학 아래에서 사용할 것인가에 대한 합의가 부족하기 때문이다. 기술의 자리를 정의하기 이전에 교육의 목적이 무엇인지를 되묻고 인간의 역할이 무엇이어야 하는지에 대한 질문이 우선되어야 한다. 이 물음은 다음 장에서 다루게 될, 대학교육의 본질적 목적에 대한 논의로 이어진다.

러셀 그룹의 인공지능 원칙

영국의 24개 러셀 그룹(Russell Group) 연구 중심 대학들이 2023년 7월 학생과 교직원 모두의 AI 리터러시 함양을 위한 생성형 AI 활용에 대한 공동 지침을 만들고 각 대학의 부총장이 이에 서명하였다(Weale, 2023). 24개의 대학이 자신들의 학업윤리(academic conduct) 관련 정책을 검토한 후, 인공지능의 영향을 새로운 지침에 반영하였다. 새로운 정책 가이드라인을 통해 학생과 교직원들이 어느 영역에서 인공지능의 사용이 부적절한가를 명확히 알고, 그들이 정보에 입각한 결정을 내리며 필요할 때에는 그 사용 사실을 밝힐 수 있도록 관련 역량을 강화하는 것을 목적으로 한다고 밝혔다(Weale, 2023). 이 지침은 인공지능의 윤리적이고 책임 있는 사용과 교직원과 학생을 인공지능이 활성화된 세계의 리더로서 준비시키는 것에 헌신하겠다는 문장으로 시작하여 인공지능 시대 자신들이 생각하는 대학교육의 목적을 밝혔다.

러셀 그룹에서 제시하는 다섯 가지 원칙은 다음과 같다.

1. 대학은 학생과 교직원이 AI 리터러시를 갖추도록 지원할 것이다.
2. 교직원은 학생들이 교육 경험에서 인공지능 도구를 효과적이고 적절하게 사용하는 것을 지원할 능력을 갖추어야 한다.
3. 대학은 인공지능을 윤리적으로 활용하도록 교육 및 평가 방식을 조정하고, 모두에게 평등한 접근 기회를 보장할 것이다.
4. 대학은 학문적 엄격함과 진실성이 유지되는 것을 보장할 것이다.
5. 대학은 인공지능 기술 및 그 적용 방식이 진화하는 과정에서 교육실천 모범 사례를 공유할 수 있도록 협력할 것이다.

러셀 그룹의 대표인 팀 브래드쇼(Tim Bradshaw) 박사는 결국 인공지능의 발전 속에서 대학이 이를 기회로 삼되, 궁극적으로는 학생과 교직원이 이 기술 발전의 혜택을 받을 수 있으면서도 학문적 진실성을 지킴으로써 양질의 교육을 제공할 수 있도록 이러한 원칙을 만들었다고 밝혔다(Weale, 2023). 인공지능 시대 대학은 교육의 궁극적인 목적이 무엇인가를 되새기면서, 인공지능 기술의 활용과 그 속에서 지켜야 할 것이 무엇인가를 결정해야 하는 기로에 섰다.

제2부

대학교육의 판을 다시 짜라

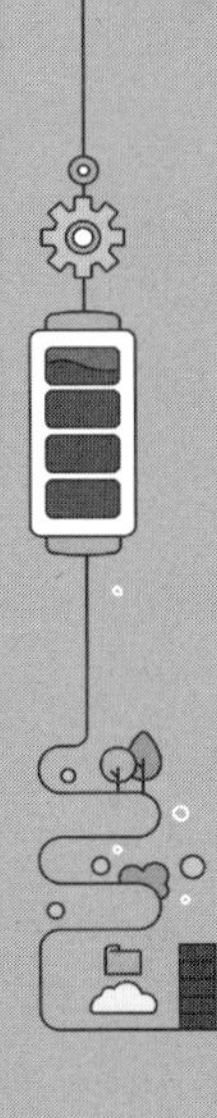

제3장

대학교육의 목적을 다시 묻다

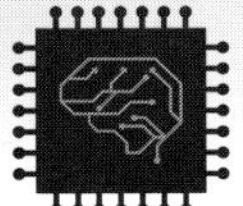

"기술이 당신 아이의 교육을 망치고 있다."

2025년 미국의 한 고등학교 교사인 한나(Hannah)는 학생들이 AI를 사용하기 시작하면서 글을 제대로 읽지도 쓰지도 않는 모습을 접하게 되었다. 이러한 일이 반복되자 그녀는 AI 기술의 발달로 인해 학생들이 스스로 읽고 쓰는 능력을 잃어 가고 있다고 생각했고, 이로 인해 교육의 본질이 훼손되고 있다고 느꼈다. 결국 그녀는 교직을 그만두며 학교에서 AI 사용을 금지해야 한다는 영상을 인터넷에 올렸고 이것이 화제가 되어 미국 주요 방송인 폭스 뉴스(Fox News)에서 소개되기도 했다(https://youtu.be/jOszJuGXyUc?feature=shared 참고).

그림 3-1 한나의 사례로 제작한 만화(AI 생성 이미지)

한나와 같은 교육 현장의 우려는 단순한 기우가 아니다. 제1부에서 우리가 논의했던 것처럼, 실제로 AI 기술이 비약적으로 발전하는 것과 대조적으로 학생들의 문해력과 깊이 있는 사고 능력은 저하되고 있다는 연구 결과가 쌓이고 있다. 특히 제1장의 [더 알아보기]에서 소개된 MIT 미디어랩의 연구는 생성형 AI를 활용해 과제를 수행한 학생들의 뇌 인지 활동이 현저히 감소했음을 보여 준다. 자신이 작성한 내용조차 제대로 기억하지 못하는 학생들의 '지적 외주화' 현상은 우리에게 많은 것을 시사한다. 이러한 상황은 학생 개인의 성장을 저해할 뿐만 아니라, 교육계 전체를 거대한 혼란으로 밀어 넣고 있다. 교수들은 AI의 자동 번역, 코딩, 글쓰기 능력 앞에서 기존 교과목의 목표를 어떻게 재설정해야 할지 근본적인 질문에 직면했으며, 학생의 역량을 공정하게 평가하는 것은 매우 어려워졌다. AI는 이미 학습자의 사고력 저하와 교육 현장의 극심한 혼란이라는 심각한 문제를 동시에 야기하며 대학교육의 존립 기반 자체를 흔들고 있다.

AI가 야기한 학생들의 인지적 퇴보와 교육 시스템의 혼란은 더 이상 외면할 수 없는 현실이다. 물론 이러한 위기 상황을 단지 기술에 의한 위협으로만 치부할 수는 없다. 인간 고유의 영역이라 여겨졌던 지성이 기계와 얽히는 현실은, 오히려 인간 중심주의를 넘어 인간과 비인간의 관계를 재정립하려는 포스트휴머니즘(posthumanism)적 성찰을 촉발하기도 한다. AI의 발전은 인간 존재를 새롭게 정의할 기회이지, 인간의 가치를 훼손하는 위협으로만 볼 필요는 없다는 주장도 가능하다(Braidotti, 2013). 하지만 문제는 교육 현장의 대응 방식이 이러한 근본적인 철학적 고민으로 이어지지 못하고 있다는 점이다. 교육 현장에서 등장하는 대부분의 논의는 "어떻게 하면 AI 기술을 활용해 더 효율적으로 일할 것인가?", "어떤 코딩 언어와 데이터 분석 기술을 교육과정에 포함할 것인가?"와 같은 취업과 효율 및 편리에 관한 질문에 매몰되는 경향을 보인다.

그러나 교육의 목적은 편의 추구가 아니며, 기술의 추구가 교육의 본질도 아니다. 기술 중심적 접근은 AI 시대에 필요한 역량을 길러 낸다는 명목하에, 정작 눈앞의 위기가 던지는 더 근본적인 물음, 즉 "우리는 무엇을 위해, 어떤 인간을 길러 내고자 교육해야 하는가?"라는 교육의 목적에 대한 성찰을 외면하게 만든다. 바로 이 지점에서 우리는 급변하는 기술의 이면에 있는 교육의 가장 본질적인 가치에 대한 물음을 던지게 된다. **AI 시대, 교육의 목적은 무엇인가?**

1 교육의 본질은 기술이 아니라 사람

"인간은 교육을 통하지 않고는 인간이 될 수 없는 유일한 존재이다."(Kant, 1904, p. 107)

임마누엘 칸트(Immanuel Kant)가 남긴 이 통찰은 교육의 근원적 가치가 무엇인지를 명확히 보여 준다. 칸트에 따르면 인간은 동물적 본능을 지닌 채 태어나지만, 교육이라는 의식적이고 지난한 과정을 통해서만 비로소 자신을 넘어서는 이성적이고 도덕적인 존재, 즉 '인간'으로 완성될 수 있다. 그가 보기에 교육은 단순한 지식이나 기술의 습득이 아니다. 그것은 인간을 인간답게 만드는 훈육(discipline), 문화적 소양을 갖추게 하는 교화(cultivation), 그리고 궁극적으로 스스로 도덕 법칙을 세우고 따르는 자율적 인격체로 만드는 도덕화(moralization)의 총체적 과정이다. 교육의 궁극적 목적은 특정 기술을 연마하는 데 있기보다는 시대를 초월하는 보편적 가치인 **인간다움**을 갖추는 데 있다. 인공지능이 인간의 지적 활동을 상당 부분 대체해 가고 있는 시대를 살아가는 우리에게 이러한 생각은 깊은 울림을 준다.

교육의 본질, 즉 인간다움을 지향하는 것은 서양 철학의 오랜 전통 속에서 일관적으로 발견된다. 교육의 목적을 논할 때 우리는 종종 두 가지 측면을 마주하게 된다. 하나는 교육 활동 그 자체가 추구하는 인간의 내면적 성숙과 인격의 완성이며, 다른 하나는 사회

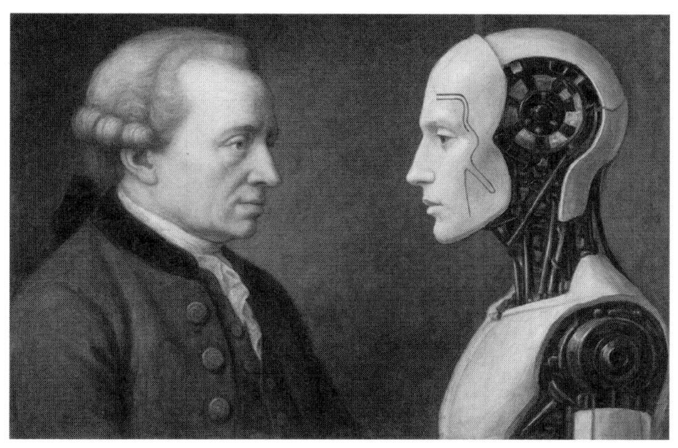

그림 3-2 칸트와 인공지능(AI 생성 이미지)

구성원으로서 필요한 역량을 길러 공동체에 기여하는 것이다. 이 두 가지 측면은 분리된 것이 아니라, 상호보완적으로 교육의 총체적 목적을 이룬다.

서양 최초로 국가 차원의 체계적 교육론을 제시한 플라톤(Plato)에게 교육의 일차적 목표는 정의로운 이상 국가를 실현할 인재를 양성하는 것이었다. 그는『국가(Republic)』에서 시민 각자가 타고난 자질에 맞는 교육을 받아 자신의 직분에 최선을 다할 때 국가 전체의 조화와 정의가 실현된다고 보았다. 특히 국가의 방향을 결정하는 통치자는 지혜의 덕을 갖춘 '철인(哲人)'이어야 하며, 이들을 길러내기 위한 체계적이고 장기적인 교육과정을 제안했다.

플라톤은 교육을 사회적 이상을 구현하기 위한 중요한 수단으로 이해하기도 했지만 교육은 개인의 영혼을 고양시키는 본질적 가치를 지니고 있음을 동시에 강조했다. 그는 올바른 교육을 통해 개인의 영혼이 아름답고 질서 있게 변모하며, 이것이 곧 개인과 사회에 올바른 질서를 가져온다고 믿었다. 이는 쿠니(Cooney et al., 1993)가 해석한 플라톤의 교육을 통해서도 살펴볼 수 있다.

> "플라톤이 말했듯, 교육은 '올바르게 교육받은 사람의 영혼을 우아하게 만든다. 내면의 참된 교육은 [학생을] 고귀하고 선하게 만들 것이다.' 플라톤은 이어서 '참된 교육은 그것이 무엇이든 간에, 사람들이 서로 관계 맺는 방식에서 가장 문명화되고 인간다워지도록 하는 가장 큰 경향성을 가질 것이다…….'라고 말한다."(Cooney et al., 1993, pp. 20-21)

플라톤의 유명한 동굴의 비유에서처럼, 교육은 무지와 편견이라는 어둠의 동굴에서 영혼을 이끌어 내어 진리의 빛을 보게 하는 과정 그 자체이다. 즉, 플라톤에게 사회적 기여라는 목적은 개개인의 이성을 계발하고 영혼을 정화하는 인간다움의 실현 과정을 통해 달성되는 것이다.

한편, 플라톤의 제자 아리스토텔레스(Aristotle)는 교육의 궁극적 목표를 행복(eudaimonia)의 실현에 두었다. 그가 『니코마코스 윤리학(Nicomachean Ethics)』에서 정의한 행복은 '덕(arete)에 따르는 영혼의 탁월한 활동'으로, 인간 고유의 기능인 이성을 충분히 발휘하며 충만한 삶을 살아가는 상태를 의미한다. 아리스토텔레스에 따르면, 인간은 지적인 덕과 품성적인 덕을 조화롭게 갖추어야 행복에 이를 수 있으며, 이러한 덕은 각각 가르침과 습관화를 통해 형성된다. 따라서 교육은 행복한 삶을 살기 위한 필수적인 과정이며, 그

자체가 인간의 잠재력을 최고로 발현시키는 활동이다.

물론 그 역시 교육이 사회적 기여라는 측면을 간과하지 않았다. 아리스토텔레스에게 인간은 폴리스(polis)라는 공동체 안에서 살아가는 '정치적 동물'이었고, 교육받은 시민은 공동체의 선(善)을 증진할 책무가 있었다. 결국 교육을 통해 덕을 갖춘 행복한 개인을 기르는 것은, 동시에 윤리적인 공동체를 유지하고 발전시키는 길이었다. 이처럼 고대 철학자들에게 교육은 인간다움을 함양하는 과정인 동시에, 건강한 사회를 만들기 위한 핵심적 기제였다.

교육에 있어 인간다움의 중요성은 근현대 교육철학으로 이어진다. 특히 20세기 실용주의 철학을 대표하는 존 듀이(John Dewey)는 교육의 목적이 교육과정 바깥에 고정된 채 주어지는 것을 강하게 비판했다. 듀이(Dewey, 1916, p. 86)는 교육을 미래의 어떤 목표를 위한 준비가 아니라, 경험의 지속적인 재구성(continuous reconstruction of experience) 과정 그 자체로 보았다. 그에게 교육의 유일한 목적은 성장(growth)이며, 이 성장은 또 다른 성장을 낳는 끝없는 과정이다. 그는 다음과 같이 말한다.

> "교육의 목적은 개인이 스스로 계속 배워 나갈 수 있는 능력을 기르는 것이다. 즉, 학습을 통해 얻고자 하는 것이자 그 보상은 끊임없이 성장할 수 있는 역량을 갖추는 것이다."(Dewey, 1916, p. 108)

듀이가 볼 때, 사회적 필요나 경제적 효용성 같은 외부 목표를 교육의 유일한 기준으로 삼게 되면, 교육은 생명력을 잃고 기계적인 훈련으로 전락할 위험이 있다. 학습자 개개인의 흥미와 필요, 그리고 살아 있는 경험을 무시한 채 획일적인 목표를 강요하는 것은 오히려 성장을 저해할 뿐이다. 물론 듀이가 교육의 사회적 기여를 부정한 것은 아니었다. 그는 "가장 넓은 의미에서 교육은 삶의 사회적 연속성을 이어 가는 수단이다."라고 말하며(Dewey, 1916, p. 2), 교육이 민주주의 사회를 유지하고 발전시키는 핵심 수단이라고 믿었다. 다만 그가 강조한 것은, 사회적 기여 역시 학습자 개개인의 자발적이고 주체적인 성장을 통해서 가장 잘 이루어질 수 있다는 점이었다.

영국의 교육철학자 리처드 스탠리 피터스(R. S. Peters)는 한 걸음 더 나아가 교육의 개념 자체에 가치 판단이 내재되어 있음을 분명히 했다. 그는 "[교육]은 가치 있는 무언가가 도덕적으로 수용 가능한 방식으로 의도적으로 전수되고 있거나 전수되었다는 것을 함의한다."고 주장하며(Peters, 2015, p. 25), 교육이 도덕적이어야 함을 강조했다. 예를 들어, 아무리 효율적으로 도둑질 기술을 가르쳤다 한들 우리는 그것을 '교육'이라 부르지 않는다. 피터스는 교육받은 사람, 즉 '교양인(educated person)'이란 지적 · 도덕적으로 바람직한 상태에 이른 사람을 의미한다고 보았다. 따라서 교육의 목적은 인간의 지성과 인격, 합리성을 계발하여 인간다움을 실현하는 데 두어야 한다고 역설했다.

"만약 우리가 개인의 잠재력 개발이나 지성과 인격의 발달과 같은 적절한 '목적'을 구체화한다면, 그 목적은 우리가 교육이라고 간주하는 것에 내재적일 것이다. 우리는 그러한 방향으로 발달하지 않은 사람을 '교양인'이라고 부르지 않을 것이기 때문이다."(Peters, 2015, p. 27)

피터스 역시 교육이 사회의 필요에 부응해야 한다는 점을 인정했지만, 취업이나 경제 성장 같은 사회적 기여의 목표가 인간의 전인적 성장이라는 교육 본연의 가치를 훼손해서는 안 된다고 경고했다.

결론적으로 칸트에서 피터스에 이르기까지, 교육 철학의 거장들은 한목소리로 교육의 본질이 기술 연마나 지식 주입을 넘어, 인간을 더욱 인간답게 만드는 데 있음을 역설해 왔다. 비판적으로 사고하고, 윤리적으로 판단하며, 아름다움을 추구하고, 더 나은 사회를 위해 협력하는 능력을 기르는 것. 이것이야말로 시대를 초월하여 교육이 지켜야 할 핵심 가치이다. AI 시대의 거대한 기술적 파고 앞에서, 우리는 이 본질을 다시금 굳게 붙잡아야 할 필요가 있다.

2 AI 시대, 교육 목적의 재정의가 필요한가

앞 절에서 살펴본 바와 같이, 철학자들은 교육이 인간다움을 실현하는 과정임과 동시에 사회적 기여라는 책무를 지니고 있음을 통찰했다. 교육의 본질이 인간의 성장과 개발에 있다는 점은 변치 않는 진리일 것이다. 그러나 교육이 뿌리내리고 있는 사회의 토양이 급격하게 변한다면, 교육의 구체적인 목표와 방법 또한 그 변화에 발맞추어 재정의될 필요가 있다. AI의 등장은 바로 이러한 근본적인 재정의를 요구하는 거대한 지각 변동인 것이다.

예를 들어, 최근 철학계에서 활발히 논의되는 **포스트휴머니즘**은 우리가 믿어 왔던 '인간다움'에 대한 근본적인 물음을 던진다. 과거 인본주의 교육은 인간을 이성을 가진 독립적인 존재이자, 도구를 사용하여 세상을 통제하는 만물의 영장으로 정의한다. 하지만 포스트휴머니즘은 인간이 결코 홀로 존재하는 고립된 개체가 아니라고 말한다. 오히려 인간은 기계를 포함한 지구상의 다른 생명체들과 복잡하게 뒤섞여 끊임없이 변화하는 존재라는 것이다(Braidotti, 2013). 이러한 '인간다움'의 재정의는 교육의 목적을 개인의 능력 함양을 넘어 개별 존재자들과의 관계를 인식하고 공존하는 방향으로 확장시킨다.

AI가 인간 고유의 영역이라 여겨졌던 언어, 추론, 창작의 영역까지 넘나드는 지금, 많은 사람은 "AI가 할 수 없는 것은 무엇인가?"를 물으며 인간을 대체하는 AI에 대한 두려움을 표출하고 있다. 포스트휴머니즘적 시각에서는 이러한 이분법적인 두려움 대신, 이미 인간과 기계가 뒤섞인 현실을 직시하고 기술적 존재들과 어떻게 좋은 관계를 맺으며 공생할 것인지를 고민한다. 또한 기존의 도덕 교육은 확고한 자아를 가진 올바른 '한 사람'을 완성하는 것을 목표로 했다. 그러나 포스트휴머니즘은 '나'라는 존재가 하나의 고정된 정체성을 가진 것이 아니라, 끊임없이 변화하고 여러 요소가 뒤섞인 복합체임을 강조한다. 이러한 관점이 적용된 수업에서 학생들은 단순히 '나와 다른 타인을 배려하자'는 시혜적 차원의 관용을 배우는 것에 그치지 않을 것이다. 대신 나 자신조차 다양한 문화와 관계의 영향 속에서 형성된 유동적인 존재임을 깨닫는 감수성을 기르게 될 것이다. 이러한 측면에서, 우리가 교육을 통해 길러 내고자 했던 인간다움의 개념 자체가 인간 중심적이지 않은 방향으로 재정의될 수 있다면, 교육의 목적 또한 그에 맞춰 변화할 수 있다.

이러한 철학적 물음은 매우 현실적인 문제와 맞닿아 있다. 특히 생성형 AI의 발전은 우리가 역사적으로 소중히 여겨 온 인간의 가장 핵심적인 특징, 즉 '스스로 사유하고 판단하는 능력'을 심각하게 위협하고 있다. 클릭 몇 번으로 그럴듯한 보고서나 아름다운 그림을 생성할 수 있는 시대에, 많은 학습자는 고통스럽지만 성장의 밑거름이 되는 사유의 과정을 건너뛰려는 유혹에 직면한다. 과제를 제시했을 때, 학생이 직접 자료를 찾고 비판적으로 분석하며 논리를 구성하는 대신 AI에게 모든 과정을 맡겨 버리는 일은 이미 교육 현장에서 비일비재하게 일어나고 있다. AI에 대한 의존성의 심화는 장기적으로 인간의 지적 자율성과 주체성을 잠식하며, 우리가 지키고자 했던 **인간다움**의 보존을 근본적으로 흔드는 결과를 초래할 수 있다.

철학자 대니얼 데닛(Daniel Dennett)은 기계가 우리를 지배하는 것이 아니라, 우리가 기계의 능력을 과대평가하여 우리의 고유한 판단과 결정의 권한을 성급하게 넘겨주는 것이 기술 시대의 진짜 위험이라고 경고했다.

"내 생각에 우리보다 더 똑똑한 기계가 우리 삶의 주도권을 빼앗을 것이라는 점이 진정한 위험은 아니다. 실제 위험은 우리가 최신 인공지능 도구들의 능력을 과대평가하여, 그들의 실제 역량을 훨씬 뛰어넘는 권한을 너무 성급하게 부여하게 될 수 있다는 점이다." (Dennett, 2017, Ch. 15)

학생들이 AI가 생성한 결과물을 비판 없이 수용하는 습관에 길들여진다면, 이는 단순히 한두 번의 과제를 편하게 해결하는 문제를 넘어, 스스로 문제를 해결하고 평생에 걸쳐 성장해 나갈 잠재력을 훼손하는 심각한 결과를 낳을 수 있다. 안타깝게도 현재 우리가 시행하고 있는 전통적인 교육 방법론, 즉 지식 전달과 암기 확인 중심의 평가 방식만으로는 이러한 문제의 확산을 막기 어렵다. 따라서 적어도 교육의 방법론에 있어서만큼은 근본적인 변화가 필수적이라 할 수 있다.

더 나아가 교육의 목적이 사회적 기여라는 측면을 포함하고 있다는 점을 고려할 때, 교육 목표의 변화는 더욱 절실해진다. 20세기 초, 교육과정 이론가 프랭클린 보빗(Franklin Bobbitt)은 교육 내용이 성인들의 실제 삶에서 필요한 활동들을 중심으로 구성되어야 한다고 주장하며, 교육의 사회적 효율성을 강조했다. 그는 "사람들의 삶에서 나타나지 않는 것은 그 사람들의 교육에도 등장할 이유가 없다."고 단언하며(Bobbitt, 1918, p. 5), 시대적·사회적 요구에 부합하지 않는 학습 내용은 과감히 제거해야 한다는 견해를 피력했다. 그의 이론에 따르면, 사회가 필요로 하는 역량이 변화하면 교육의 목표와 내용 역시 변화해야 한다. AI 시대는 이전 시대와는 질적으로

다른 사회적 역량을 요구한다. 단순 지식의 암기나 반복적인 기능의 숙달은 AI가 훨씬 더 잘 해낼 수 있다. 대신, 현대 사회는 AI를 유용한 도구로 활용하면서도 AI가 할 수 없는 일, 즉 복잡한 문제에 대한 비판적 사고, 여러 분야를 넘나드는 융합적 창의성, 데이터의 이면에 숨겨진 의미를 해석하는 능력, 그리고 기술을 윤리적으로 사용할 줄 아는 책임 의식 등을 갖춘 인재를 필요로 한다.

세계경제포럼(WEF)의 보고서 역시 미래 사회의 핵심역량으로 분석적 사고, 창의성, 그리고 AI 및 빅데이터 활용 능력을 최우선으로 꼽고 있다(Zahidi et al., 2023). 이러한 새로운 역량들은 저절로 길러지지 않는다. 대학교육이 의식적으로 이러한 역량들을 교육 목표로 설정하고, 그에 맞는 교육과정과 교수법을 개발하여 체계적으로 가르칠 때 비로소 길러질 수 있다. 따라서 AI 시대가 필요로 하는 사회적 기여를 다하기 위해서라도, 대학교육의 목적은 변화해야만 한다.

3 교육의 본질을 유지하되 시의성을 고려하라

공자는 "옛것을 익히고 새로운 것을 알면 스승이 될 수 있다(溫故而知新, 可以爲師矣)."고 명확하게 정의했다. 우리가 다른 사람에게 무엇을 가르친다는 것은 바로 옛것을 알고 있기 때문이다. 지금까지의 논의를 종합해 볼 때, AI 시대의 교육 목적은 "옛것을 익히고 그것을 미루어 새것을 안다."는 온고지신(溫故知新)의 지혜로 접근

그림 3-3 **공자와 서양 철학자들의 온고지신을 형상화한 서당도(AI 생성 이미지)**

해야 한다. 교육의 목적에는 시대가 바뀌어도 변치 않는 본질이 있으며, 동시에 시대의 변화에 발맞추어 새롭게 설정해야 할 목표가 있다.

먼저, 교육의 변치 않는 본질은 '인간 중심'에 있다. 1절에서 살펴보았듯이, 교육은 궁극적으로 인간을 더 나은 인간으로 성장시키는 활동이다. 기술이 아무리 발전하더라도, 교육의 중심에는 기계가 아닌 사람이 있어야 한다. 비판적으로 사고하고, 타인과 공감하며, 윤리적으로 책임 있는 결정을 내리고, 창의적으로 새로운 가치를 만들어 내는 능력은 AI가 대체할 수 없는 인간 고유의 영역이다. 이러한 인간다움을 함양하는 것은 교육이 영원히 추구해야 할 북극성과 같다.

하지만 AI 시대는 바로 이 '인간다움'이 무엇인지에 대한 깊은 철학적 물음을 우리에게 던지고 있다. 포스트휴머니즘의 논의처럼 인간과 기술의 경계가 흐려지는 상황에서, 무엇이 인간을 더 인간답게 만드는가에 대한 철학적 탐구는 앞으로 더욱 심화될 것이다. 이러한 논의의 진전은 우리가 교육을 통해 길러 내고자 하는 인간다움의 구체적인 내용, 즉 교육 목적에 대한 논의가 앞으로도 계속될 수밖에 없음을 시사한다. 교육의 본질이 인간 중심이라는 점은 변치 않겠지만, 그 '인간'을 어떻게 이해하고 어떤 방향으로 성장시킬 것인가에 대한 고민은 시대와 함께 계속 진화할 것이다.

다른 한편으로, 교육이 사회적 기여라는 책무를 지니고 있음을 고려할 때, 교육의 목적과 방법론은 시대의 요구에 부응하여 적극적으로 변화해야 한다. AI 시대가 요구하는 새로운 역량, 즉 데이터 리터러시, AI 활용 능력, 융합적 문제해결 능력 등을 교육 목표에 명시적으로 포함하고, 이를 효과적으로 가르치기 위한 교육과정의 혁신은 더 이상 선택이 아닌 필수이다. 변하지 않는 교육의 본질인 인간 중심의 교육을 지향하는 것과, 시대적 요구에 부응하여 교육의 목표와 방법을 혁신하는 것은 결코 모순되지 않는다. 오히려 진정한 인간 중심 교육은 학습자들이 급변하는 사회 속에서 주체적이고 의미 있는 삶을 살아갈 수 있도록 실질적인 역량을 길러 주는 것을 포함해야 한다.

결론적으로, AI 시대의 교육은 흔들리지 않는 철학적 원칙 위에서 담대한 변화를 수용해야 한다. 교육의 궁극적 목적이 인간의 존엄과 성장에 봉사해야 한다는 대원칙을 굳건히 지키면서, AI라는 강력한 도구를 인류의 번영을 위해 슬기롭게 활용할 줄 아는 지혜를 가르쳐야 한다. 기계가 인간을 위한 도구로 남을지, 아니면 인간이 기계의 부속품으로 전락할지는 결국 교육에 달려 있다. 우리가 교육의 나침반을 '인간'에게 올곧게 맞추고, 그 방향을 향해 끊임없이 항해의 기술을 혁신해 나갈 때, 비로소 교육은 불확실한 미래의 바다에서 우리를 희망의 항구로 이끄는 등대가 될 수 있을 것이다.

4 인간다움을 위한 교육, AI 시대의 나침반

AI 시대에 교육의 목적을 논하며 우리가 궁극적으로 추구하는 바는 명확하다. "교육은 인간을 위한 것이며, 인간의 존엄과 성장에 봉사해야 한다."는 것이다. 이에 우리는 교육의 본질이 인간다움의 함양임을 잊어서는 안 될 것이다. 교육은 본질적으로 인간의 잠재력을 개발하고, 합리적 판단과 도덕적 인격을 형성하는 데 그 궁극적 의의가 있다. 플라톤을 비롯해 듀이와 같은 철학자들이 강조했듯, 교육은 그 자체로 인간적 성장의 과정이며 이 가치는 AI 시대에도 변함없다. 오히려 AI가 발전할수록 인간을 더욱 인간답게 하는 것은 무엇인지를 분명히 하여 그러한 인간 본질을 교육의 나침반으로 삼아야 한다.

동시에, 사회적 역량 함양에 있어 교육의 목적은 새롭게 조정될 필요가 있다. 사회는 항상 교육에 새로운 요구를 던져 왔다. AI 시대에는 디지털 소양, 데이터 활용 능력, 융합적 사고 등이 중요한 교육 목표로 부상하고 있다. 이러한 역량을 기르지 못하면 학생들은 미래 사회에서 주체적인 역할을 수행하기 어렵다. 따라서 교육은 유연하고 개방적인 태도로 새로운 목표들을 포용하며 사회 발전에 기여해야 한다.

또한 교육 방법의 혁신이 교육 목적 재정립과 병행되어야 한다. 아무리 목적을 잘 세워도, 수업 현장이 구태의연하면 목표 달성은 요원하다. AI 시대의 교실은 과거와 달라져야 한다. 지식 전달 위주의 강의나 암기 시험만으로는 창의력과 비판적 사고를 키울 수 없다. 또한 챗지피티 같은 도구의 존재를 고려한 평가 시스템의 변화도 시급하다. 학생들이 AI를 부정행위 수단이 아닌 학습 보조도구로 활용하면서도 자신의 사고력을 잃지 않도록 교육자들이 지혜를 발휘해야 한다. 데닛의 경고를 다시 상기하자면, 우리는 기계에 대한 통제권과 판단력을 놓아 버리지 않아야 한다. 교육 방법의 혁신은 바로 여기에 있으며 이어지는 장에서는 이를 위해 프로젝트 기반 학습, 토론식 수업, AI 활용 과제 설계, AI 윤리에 대한 토의 등 다양한 방안이 소개될 것이다.

결론적으로, AI 시대의 교육 목적은 **인간다움의 심화**와 **사회적 역량의 강화**라는 두 축의 조화로운 통합으로 요약할 수 있다. 교육은 인간을 위해 존재하며, 인간의 고유한 가치를 개발하는 것이 가장 고귀한 과제이다. 동시에 교육은 시대의 변화 속에서 인류가 더 나은 삶을 영위하도록 돕는 현실적 임무를 지닌다. 온고지신의 자세로 전통의 등불을 밝히면서도 미래의 길을 개척하는 것, 이것이야말로 오늘날 교육에 요구되는 지혜이다.

AI 기술은 항상 **편리함**을 강조한다. 하지만 편리를 추구하는 것이 교육의 본질은 아니라는 것을 우리는 잊지 말아야 한다. 어떤 시대건 교육의 주체와 대상은 인간이며 인간다움이 교육의 본질이다. 교육은 AI 시대를 살아가는 인간을 기계와 같은 부속품으로 만드는 것이 아니라, 보다 인간 본연의 삶과 본질을 지키기 위해 기계를 활용하는 법을 가르치는 것이어야 한다. 우리가 교육의 궁극적 목적을 잃지 않는 한, AI라는 강력한 도구도 인간을 풍요롭게 하는 방향으로 쓰일 것이다. 그 방향성을 제시하고 이끌어 가는 것이 바로 교육의 역할이자 우리의 사명이다.

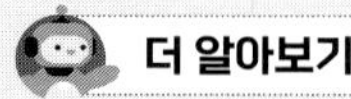
더 알아보기

한림대학교는 어떻게 '창조적 지성'을 재정의했나?

그림 3-4 한림대학교 캐릭터 인형(AI 생성 이미지)

AI 시대 교육의 목적과 관련하여, 온고지신적 방향성에 부합하는 구체적 사례로 한림대학교의 교육 혁신을 살펴볼 수 있다. 한림대학교는 1982년 설립 이래 '풍부한 인간성과 창조적 지성'을 교육 이념으로 삼아, 인간의 존엄과 보편적 가치를 존중하는 동시에 시대적 요구에 부응하는 창의적 인재 양성을 목표로 해 왔다. 이러한 전통적 가치를 계승하면서도, 최근 AI 시대를 맞아 교육의 패러다임을 근본적으로 전환하려는 시도는 주목할 만하다.

특히 최양희 총장 취임 이후, 한림대학교는 'AI 교육 솔루션'을 대학 혁신의 핵심 엔진으로 삼아 과감한 변화를 주도하고 있다. 그의 리더십 아래 한림대학교는 2023년 정부의 '글로컬대학 30' 사업에 최종 선정되는 쾌거를 이루었으며, 이는 대학의 체질을 AI 중심으로 완전히 개편하려는 노력이 대외적으로 인정받은 결과라 할 수 있다. 한림대학교의 혁신은 단순히 몇 개 학과를 신설하는 수준을 넘어, 전교생이 AI를 이해하고 활용하며 나아가 AI 기술이 야기하는 윤리적 · 사회적 문제를 성찰할 수 있는 역량을 갖추도록 교육 시스템 전반을 재설계하는 것을 목표로 한다.

이러한 배경 속에서 한림대학교가 지향하는 '창의와 융합, 실용과 조화'의 5대 핵심 인재상인 창의적 인재, 실용적 인재, 융합적 인재, 조화로운 인재, 자기 주도적 인재는 AI 시대에 맞춰 다음과 같은 구체적인 역량으로 해석될 수 있다.

첫 번째 핵심역량은 창의적 인재가 갖춰야 할 창의력과 비판적 사고력이다. 이는 창조적 지성으로서 한림인이 지향하는 바이기도 하다. AI가 방대한 정보를 생성하고 정형화된 해법을 제시할수록, 인간에게는 그 정보의 타당성을 검토하고 새로운 가치를 부여하는 고차원적 사고력이 요구된다. 이는 학습자가 주체적으로 사유하며 성장하는 인간다움의 핵심 요소인 동시에, 복잡한 사회 문제에 대한 혁신적 해결책을 제시하는 사회적 역량의 기반이 된다.

두 번째 역량은 실용적 인재의 현대적 발현인 디지털 · 데이터 · AI 리터러시이다. 제4장에서 이를 보다 자세하게 다룰 것이지만 간략하게 언급하자면 이는 AI 시대의 언어와 문법을 익히는 것과 같다. 이 역량은 미래 산업 현장에서 필수적인 사회적 역량이지만, 한 걸음 더 나아가 기술의 윤리적 문제와 데이터 편향성을 성찰하게 함으로써 책임감 있는 시민으로서의 인간다움을 실현하는 도구가 된다.

세 번째는 융합적 인재로서 요구되는 학제간 융합 역량이다. 이는 한림대학교의 실사구시(實事求是) 정신에 기반한 것이다. AI가 던지는 복잡한 문제들은 단일 학문의 지식만으로는 해결할 수 없다. 의료 · 바이오, 인문, 사회, 예술 등 다양한 분야를 넘나들며 통섭적 사고를 할 수 있어야 한다. 한림대학교는 2025년 현재 AI 교육 솔루션과 융합클러스터 체제를 통해 전공 영역에 상관없이 AI 리터러시를 필수 역량으로 습득하도록 지원하는 체제를 구축해 가고 있으며 이러한 융합적 사고 능력은 새로운 가치를 창출하는 사회적 역량의 원천이자, 다각적 관점으로 세계를 이해하는 지적 성숙, 즉 인간다움의 확장이기도 하다.

네 번째는 조화로운 인재로서 갖추어야 할 협력 역량이다. AI는 인간의 정서적 교류나 사회적 관계 형성을 대체할 수 없다. 따라서 타인과 공감하고 소통하며 공동의 목표를 위해 시너지를 창출하는 능력은 더욱 중요해질 것이다. 한림대학교는 과거부터 공동체 가치와 협력을 강조해 왔는데, 포스트휴머니즘 시대를 살아가는 지금은 이러한 가치가 더욱 절실하다. AI가 일부 인간의 역할을 대체하는 국면이 도래하더라도, 결국 사람 간 네트워킹과 신뢰가 새로운 혁신과 성장을 견인하기 때문이다. 한림대학교가 추진 중인 현장기반 프로젝트나 팀 단위 캡스톤 디자인, 지역사회 연계 활동 등은 학생들이 실제로 협업 경험을 쌓고 AI를 포함한 다양한 주체와 함께 학습 · 실천하는 장이 되어 준다. 이러한 역량은 팀워크와 리더십이라는 '사회적 역량'인 동시에, 공동체 안에서 더불어 살아가는 존재로서의 '인간다움'을 실현하는 역량이기도 하다.

마지막은 자기 주도적 인재의 핵심인 자기 주도적 학습 역량이다. 기술이 급변하는 시대에 평생에 걸쳐 스스로 학습 경로를 설계하고 성장 동력을 찾는 태도는 필수적이다. 이는 변화하는 사회에 적응하는 핵심적인 사회적 역량이며, 교육을 통해 끊임없이 자신을 재구성해 나가는 주체적 존재로서 인간다움의 발현이라 할 수 있다.

결론적으로 한림대의 핵심 인재상은 인간다움의 함양이라는 교육의 본질적 가치를 굳건히 지키면서도, AI 시대가 요구하는 새로운 사회적 역량을 적극적으로 길러 내려는 온고지신의 정신을 충실히 반영한다. 이는 '풍부한 인간성과 창조적 지성'이라는 전통적 건학 이념을 AI 시대에 맞게 재해석하고 확장한 것이며, 교육의 나침반을 '사람'에게 맞추되 시대의 변화라는 파도를 능숙하게 헤쳐 나가려는 지혜로운 전략이라 할 수 있다.

제4장

흔들리는 시대, 대학생에게 진짜 필요한 것

2024년 봄, 한 학생이 이런 질문을 하였다.

"교수님, 솔직히 말씀드려도 될까요? 요즘 수업 들으면서 계속 드는 생각이 있어요. '이거 챗지피티한테 물어보면 3분 만에 답 나오는데, 왜 한 학기 동안 배워야 하지?' 제가 잘못 생각하는 건가요?"

교수는 그 학생의 눈을 똑바로 쳐다봤다. 그의 눈빛에는 냉소가 아니라 진심 어린 혼란이 담겨 있었다. 그리고 깨달았다. 이것은 한 학생만의 질문이 아니라는 것을. 지금 이 순간, 전국의 대학 강의실에서 수많은 학생이 같은 질문을 속으로 되뇌고 있을 것이다.

"AI가 다 해 주는데, 나는 왜 대학에 다니는 걸까?"

1 AI 시대의 핵심역량: 창의적·비판적 사고, AI 리터러시, 학제간 융합, 협업

AI 시대 대학생이 진정으로 갖추어야 할 핵심역량은 무엇일까? 대학생들은 변화하는 사회와 기술 환경에 능동적으로 적응하고, 새로운 가치를 창출하며, 책임감 있는 글로벌 시민으로 성장하기 위한 역량을 갖추어야 한다. 대학교육은 단순한 정보 전달을 넘어, 학생들이 복잡한 문제를 해결하고 급변하는 사회에 성공적으로 적응하도록 지원하는 역할에 초점을 맞춘다.

여기서 주목할 점이 있다. 지식이나 코딩처럼 매뉴얼화된 역량은 인공지능이 쉽게 대체할 수 있지만, 현장 경험, 협업 능력 같은 암묵지는 대체가 어렵다는 것이다. 이러한 시대적 변화에 맞춰 각 대학은 교육 목표를 재정립하고, 미래 사회가 요구하는 역량을 학생들이 충분히 기를 수 있도록 체계적인 교육을 설계해야 한다. AI 시대에 대학은 네 가지 핵심 영역—**창의적 · 비판적 사고력, 디지털 · 데이터 · AI 리터러시, 학제간 융합, 협업**—을 기르는 데 집중해야 한다.

1) AI 시대 첫 번째 핵심역량: 창의적 · 비판적 사고력

AI 시대, 대학생에게 필요한 첫 번째 역량은 **창의적 · 비판적 사고력**이다. AI는 놀라울 정도로 똑똑하다. 하지만 AI에게 없는 단 한 가지가 있다. 바로 '왜?'라고 묻는 능력이다. 챗지피티는 완벽한 에세이를 써낼 수 있다. 그러나 그 에세이가 진짜 의미하는 바가 무엇인지, 숨겨진 편향은 없는지, 더 나은 관점은 없는지 질문하지 못한다. 이것이 바로 인간만이 가진 창의적이고 비판적인 사고의 힘이다(OECD, 2019). 이는 AI가 쉽게 대체하기 어려운 인간 고유의 역량으로, 미래 사회의 복잡한 문제를 풀어내는 데 꼭 필요하다.

안타깝게도 현재 대학 현장에서는 AI 관련 과목이 꾸준히 늘어나고 있지만, 인문학적 소양과 깊이 있는 사고 훈련을 중심으로 한 핵심적인 사고력 교육은 상대적으로 부족하다는 지적이 나온다. 김종규와 원만희(2022)는 이 문제를 근본적 차원에서 바라본다. 인공지능 글쓰기에 대한 대응이 단순히 방법과 체계의 변화가 아니라, 사유하는 존재에게 글쓰기가 갖는 실존적 의미를 고려한 근본적 성찰에서 출발해야 한다는 것이다. 실제로 디지털 기기 보급과 AI 기술 발전으로 정보 접근성은 과거보다 훨씬 높아졌지만, 독서량 감소와 기본 문해력 약화가 동시에 일어나고 있다. 정보를 단순히 수집하는 능력을 넘어, 비판적으로 분별하고, 논리적으로 분석 · 해석하며, 자신만의 관점으로 재구성하는 종합적 문해력이 AI 시대에 더욱 중요해진 이유이다.

AI 시대의 종합적 문해력은 텍스트 이해 수준을 넘어, 기술을 창의적이고 비판적으로 활용할 수 있는 능력과 직결된다. 예를 들어, AI 모델과 상호작용하면서 효과적인 프롬프트(prompt)를 작성 · 활용하는 능력(프롬프트 엔지니어링)은 AI를 효율적으로 사용하는 데 핵심적으로 요구되는 역량이며, 디지털 환경에서 정보의 신뢰도를 판별하고 비판적 시각을 유지하여 데이터를 해석하는 역량도 필수적으로 요구된다.

제1장에서도 언급한 아라이 군 프로젝트를 보자. 아라이는 이러한 문해력을 정교하게 측정하기 위해 **읽기 문해력의 여섯 가지 구성요소**(의존성 분석, 대명사 인식, 의역, 논리적 추론, 이미지 해석, 용어 정의)를 제시하고, 일본 중·고등학생을 대상으로 한 Reading Skill Test(RST)를 개발해 컴퓨터와 인간의 읽기 능력 격차를 분석했다. 흥미로운 점은 이 연구가 2017년 이전에 진행되었다는 사실이다. 당시 사용된 AI는 지금의 챗지피티나 클로드(Claude) 같은 최신 AI와는 비교도 안 될 만큼 원시적인 수준이었다. 그런데도 중학생의 상당수가 이렇게 초보적인 기계의 읽기 수준에도 못 미치는 결과를 보였다. 2025년 현재 AI의 읽기 능력은 웬만한 사람을 훌쩍 뛰어넘는 상황이다. 이런 관점에서 보면, 당시 연구 결과가 던지는 경고는 오히려 더 무겁게 다가온다. 단순히 정보를 전달하는 방식의 교육만으로는 디지털 시대가 요구하는 복합적 문해력을 키우기 어렵다는 점을 분명히 보여 주기 때문이다(아라이 노리코, 2018; Arai et al., 2017). 결국 단순한 읽고 쓰기를 넘어 정보 탐색, 비판적 사고, 긴 지문 해석, 작문 능력 등 종합적 문해력을 체계적으로 키울 수 있는 교육이 절실하다.

이러한 문제의식을 바탕으로, 국내 여러 대학에서도 사고력 증진과 AI 기술을 융합하는 혁신적인 교육 프로그램을 통해 창의적·비판적 사고력을 키우고, 학생들이 빠르게 변화하는 디지털 환경에서 지속적으로 학습하고 자율적으로 성장할 수 있도록 노력하고 있다. 대표적인 사례가 인천대학교, 강원대학교 그리고 한림대학교의 교

수들이 추진하고 있는 **미국 세인트존스대학교 Great Books(GB) 프로그램 도입**이다. GB 프로그램은 플라톤, 아리스토텔레스부터 현대 사상가에 이르기까지 인류의 지적 유산을 담은 고전 원전을 직접 읽고 토론하는 독특한 교육 방식이다. 1937년 시카고대학교에서 시작되어 세인트존스대학교에서 정규 학부 교육과정으로 자리 잡았다. 이 프로그램의 가장 큰 특징은 교수가 일방적으로 가르치지 않는다는 점이다. 대신 학생들이 원전을 직접 읽고 질문하며 서로의 생각을 나누는 소크라테스식 대화를 중심으로 수업이 진행된다. 교수가 정답을 알려 주는 기존의 독서 프로그램과 달리, 학생들 스스로 텍스트와 씨름하며 답을 찾아가는 과정 자체가 배움이 된다.

최근 2023년 세인트존스대학교와 함께 GB 프로그램 춘천포럼을 개최하면서, 국내외 대학 간 인문학적 토론 문화를 활성화하고 다양한 시각과 사고력을 키울 수 있는 장이 마련되었다(강동휘, 2023년 12월 11일). 교수진들은 춘천시, 춘천시민장학재단과 손잡고 교육발전특구사업의 일환으로 초 · 중 · 고 학생을 대상으로 GB 세미나를 꾸준히 진행 중이다. 이 프로그램은 철학, 문학, 정치학, 기하학 등 다양한 분야의 고전 텍스트를 중심으로 깊이 있는 독서 · 토론 문화를 만들고, 비판적 사고력을 한층 더 강화하려는 시도를 담고 있다. 학생들은 고전과 다양한 학문 분야의 텍스트를 함께 읽고 서로의 관점을 나누며, 논리적 사고와 비판적 관점을 체계적으로 훈련한다. 이 과정에서 인문학적 상상력과 문제해결 능력을 폭넓게 키우게 된다(김국진, 2024년 10월 15일). 이러한 독서 · 토의 활동 프로그램은 AI 시대에 가장 필수적인 창의적 · 비판적 사고력을 함양함으

그림 4-1 GB 세미나(AI 생성 이미지)

로써 아무도 생각하지 못한 새로운 관점에서 문제를 바라보는 토대를 마련할 수 있다(안효진 외, 2023; 이용화, 이유정, 2021). 따라서 앞으로 대학의 교양 및 전공 교육과정에도 적극 도입될 필요가 있다.

2) AI 시대 두 번째 핵심역량: 디지털 · 데이터 · AI 리터러시

두 번째로 대학생들에게 필요한 역량은 **디지털 · 데이터 · AI 리터러시**이다. 정보기술이 고도화되면서, 대학은 이러한 핵심역량을 교과과정에 적극 반영하여 학생들이 디지털 환경에서 정보를 효과적으로 해석하고 활용할 수 있도록 지원해야 한다.

현재 국내 대학의 AI 교육은 빠르게 확산 중이다. 인공지능학과 신설, AI 관련 교과목 개설, AI 융합 교육이 활발하게 이루어지고 있다. SW 중심대학 사업, 인공지능융합인재양성 사업 등 각종 대학 지원 사업을 통해 AI 기반 교육과 리터러시 강화가 핵심 전략으로 추진

되고 있다. 예를 들어, 제7장에 자세히 설명되어 있듯이, 한림대학교는 글로컬사업을 통해 K-유니버시티 모델을 제시하며, AI 교수, AI 어드바이저, AI 조교 등을 활용한 맞춤형 교육 시스템을 개발했다. 지역사회 협력, 창업 생태계 구축, 융합 연구원 설립 등을 통해 학생들의 미래 역량 강화를 지원하고 있다(최현목, 2024년 6월 27일).

이러한 교육 혁신 과정에서 가장 중요한 과제는 AI 격차로 인한 사회적 · 경제적 불평등을 미연에 방지할 수 있도록 **교육과정을 재설계**하는 것이다. AI 기술 활용 여부에 따른 기술 · 정보 격차는 단순한 디지털 접근성 문제를 넘어 데이터 이해 · 해석 능력, AI 활용 역량, 비판적 사고력과 직결되기 때문이다(Berg et al., 2024; UNESCO, 2019). 따라서 대학은 학생들이 단계적으로 디지털 · 데이터 · AI 리터러시를 함양할 수 있도록 체계적인 교육과정을 마련하고, AI 시대의 필수 역량을 갖춘 인재로 성장할 수 있도록 적극 지원해야 한다.

한편, 디지털, 데이터, 그리고 AI 리터러시는 학자에 따라 개념적으로 겹치거나, 특정 영역에서 서로 보완적인 관계를 가지며, 교육 접근법에서도 차이를 보인다. 일부 연구에서는 디지털 리터러시가 데이터 및 AI 리터러시를 포괄하는 상위 개념으로 정의되며, 디지털 환경에서 정보를 평가하고 활용하는 역량이 데이터 및 AI 기술을 다루는 기초가 된다고 본다. 반면, 다른 연구에서는 데이터 리터러시가 디지털 리터러시와 AI 리터러시의 교차점에 위치하며, 데이터의 수집 · 분석 · 활용을 중심으로 디지털 및 AI 기술이 통합된다고 설명하기도 한다(박윤수, 이유미, 2021; 조미영, 한옥영, 2022). 구체적으로 이 세 가지 정보기술 관련 역량을 다음과 같이 살펴볼 수 있다.

디지털 리터러시(digital literacy)는 **디지털 환경에서 정보를 해석·활용·평가하는 기본 역량**이다. 컴퓨터나 스마트폰 같은 디지털 기기 및 소프트웨어를 능숙하게 다루고, 방대한 디지털 정보를 효과적으로 해석하고 평가하며 공유하는 능력을 포함한다. 기초적인 디지털 리터러시를 익히지 않고 AI를 배우는 것은 글을 모르면서 시를 쓰려는 것과 같다. 먼저 디지털 환경에서 자유롭게 움직일 수 있어야, 그 위에서 데이터를 다루고 AI를 부릴 수 있다.

데이터 리터러시(data literacy)는 **디지털 리터러시를 기반으로 데이터를 수집·처리·분석하여 의미 있는 패턴과 결론을 도출하고, 이를 의사결정에 활용하는 역량**을 의미한다. 데이터 리터러시는 다양한 분야에서 데이터 기반 문제해결을 가능하게 하며, AI 기술을 이해하고 활용하는 데 필수적인 토대가 된다.

AI 리터러시(AI literacy)는 **데이터 리터러시를 기반으로 AI가 데이터를 학습하고 패턴을 인식하는 원리를 이해하고 활용하는 능력**이다. 머신러닝, 딥러닝 등 AI의 기본 작동 방식을 익히고, 이를 실제 산업과 학문 분야에서 효과적으로 적용하는 능력을 포함한다. 특히 최근 급부상한 AI 같은 첨단 기술을 다루기 위해서는 디지털 및 데이터 리터러시에 대한 숙련이 필수적이며, 단계적인 학습 과정이 필요하다(조미영, 한옥영, 2022; 한수미, 2024년 9월 20일; Ng, 2012).

이러한 정보기술 역량을 체계적으로 가르치고, 학생 간 AI 격차를 줄이기 위해서는 **학생 역량 진단과 교양교육·전공교육의 역할 분담**

이 필수적이다. 먼저 현황을 파악해야 한다. 학생들의 디지털 도구 활용 역량에는 상당한 차이가 존재한다. 일부 학생들은 다양한 디지털 도구를 능숙하게 다루는 반면, 다른 학생들은 기본 기능조차 익숙하지 않다. 이와 같은 격차는 수업 참여도와 학습 효과, 자신감에서 뚜렷한 차이를 만든다. 특히 AI를 활용한 교육 현장에서 이러한 정보기술 역량의 격차가 더욱 선명하게 드러난다. AI 활용 능력이 높은 학생들은 빠르게 적응하며 적극적으로 학습을 확장하는 반면, 기술 활용이 익숙하지 않은 학생들은 기본 개념을 익히는 데도 어려움을 겪고 AI 기반 학습 과정에서 뒤처진다. 따라서 학생들의 AI 활용 역량뿐만 아니라 기초 디지털 도구 활용 역량(예: 구글 드라이브나 문서 작성 및 공유 등)을 진단하는 것이 선행되어야 한다.

이러한 진단을 바탕으로 교양교육과 전공교육의 역할을 분업화한다면 보다 체계적이고 실질적인 학습 효과를 거둘 수 있다. 교양교육에서는 모든 학생이 기본적인 디지털 기술 활용, 데이터 해석, AI 기초 개념을 익힐 수 있도록 기초 교육을 제공해야 한다. 기본적으로 학습 및 향후 업무에 필수적인 디지털 도구(엑셀 수식과 피벗 테이블, 구글 앱을 통한 실시간 협업, 노션을 활용한 프로젝트 관리), 데이터 리터러시(기초 통계 분석, 데이터 시각화 도구 활용, 정보 검색 및 평가), AI 시대 핵심 역량(생성형 AI 활용 실습, 프롬프트 작성 기법, 알고리즘 편향성과 데이터 프라이버시 이해)을 교양교육과정에 체계적으로 포함해야 한다. 이를 통해 학생들 간의 기초 역량 격차를 줄이고, 전공교육으로 나아가기 위한 공통 기반을 마련할 수 있다. 반면, 전공교육에서는 각 학문 분야에서 AI와 데이터를 실질적으로 적용할 수 있도록 심화 교육이 이루어져야 한다. 데이터 기반 의사결정, 전공별 AI 도구 활용, 프로젝트 기반 실습 등을 통해 학생들이 실무에서 요구되는 역량을 갖출 수 있도록 지원해야 한다. 이러한 교양과 전공 간의 연계 학습 구조를 마련함으로써, 학생 간 정보기술 역량 격차를 줄이고, AI 기반 사회에서 창의적 문제해결 역량을 갖춘 인재로 성장할 수 있도록 도울 수 있다.

3) AI 시대 세 번째 핵심역량: 학제간 융합

머지않아 AI 기반 사회에 진출해야 하는 대학생에게 필요한 세 번째 역량은 **학제간 융합 사고와 기술**이다. 빅데이터와 AI를 비롯한 첨단 기술의 발달로 사회는 끊임없이 학습하고 성장하는 **평생교육 시대**에 접어들었다. 대학은 이러한 환경에 맞춰 학생들이 능동적으로 학습하고 적응할 수 있도록 역량을 강화하는 데 중점을 둔다. OECD도 미래 교육체제에서 학생들이 흥미와 열정을 지닌 분야를 발견하고, 이를 바탕으로 학습 경로를 주도적으로 설계하며, 다양한 경험과 기회를 적극적으로 탐색하고 참여할 수 있도록 맞춤형 학습 환경을 조성하는 것이 필수적임을 강조한다(OECD, 2020). 이러한 환경은 학생들이 학문적 경계를 넘어 여러 관점을 융합하고, 실질적 문제해결 능력을 기르는 데 핵심적인 역할을 한다.

학제간 융합적 역량을 향상하기 위해서는 먼저 본인의 진로를 설계하는 과정에서 **흥미와 적성**을 충분히 고려하고, 특정 분야에 대한 깊이 있는 **도메인 지식과 경험**을 쌓는 것이 중요하다. 학생이 자신의 전공 분야에서 탄탄한 기반을 마련하면서, 다른 분야와의 시너지 효과를 극대화할 수 있는 토대를 다지는 것이다. 최근 많은 대학이 교육과정을 개편하고 복수전공 기회 등을 확대하여 이러한 융합적 역량을 키우고 있다. 그 선구적 사례로 한림대학교는 **2017년 입학 신입생부터 복수전공 필수화** 제도를 시행해 오고 있다. 이러한 시도는 학문 간의 장벽을 허물어 폭넓은 시야와 창의적 사고를 기를 수 있다는 점에서 긍정적인 평가를 받고 있다. 실제로, 영어영문학 또는 사학 전공자가 디지털인문예술전공을 복수전공하면서 창의적 · 비판적 사고력과 디지털 기술을 결합해 AI 연구원으로 현재 재직 중이다. 이처럼 한림대학교의 복수전공 제도는 의료, 기계공학, 농업 등 다양한 분야에서 AI 연구원으로 활약하는 졸업생을 다수 배출하며, 학제간 협력을 통해 혁신적 성과를 이끌어 내는 데 기여하고 있다.

2026년부터 대학에 본격적으로 도입되는 **자유전공 입학 제도**는 다양한 융합 전공의 등장과 더불어 **학제간 융합 교육**의 중요한 전략적 전환점이 될 것이다. 자유전공 입학은 학생들이 입학 초기부터 특정 전공에 얽매이지 않고 다양한 학문 분야를 자유롭게 탐색하며, 자신의 흥미와 적성에 맞춘 학문 경로를 설계할 수 있는 기회를 제공한다. 학생들은 전공 선택 전 폭넓은 지식을 습득하고, 학문 간의 연계 가능성을 발견하여 보다 창의적이고 유연한 진로 설계가 가능해진다. 여기에 새로운 융합 전공의 개설은 이러한 탐색 과정을 구체적 성과로 연결하는 핵심 장치로 작용한다. 빅데이터 · AI · 디지털인문예술 · 스마트헬스케어와 같이 산업과 사회의 변화에 대응하는 융합 전공은 두 개 이상의 학문 영역을 결합해 복합적 문제해결 역량을 강화하며, 현장 실습과 산학 협력을 통해 실무형 융합 인재를 양성한다. 결국 자유전공 입학과 새로운 융합 전공은 학제간 장벽을 낮추고 교육과정의 유연성을 확대함으로써, 학생들이 급변하는 미래 사회에서 경쟁력 있는 역량을 갖추도록 하는 교육 혁신의 양대 축이 될 것이다.

대학은 이러한 융합 시대를 선도하기 위해 전공 간 경계를 허무는 개방형 커리큘럼을 구축하고, 다양한 학문 분야를 연계한 프로젝트 기반 학습과 현장 중심의 실무 경험을 강화해야 한다. 또한 학생 개개인의 학습 경로를 설계하고 조율할 수 있는 맞춤형 학사 지원 체계를 마련함으로써, 융합적 사고와 창의적 문제해결력을 지닌 인재를 양성해야 한다. 이를 통해 대학은 학문과 산업, 지역사회가 긴밀히 연결된 지식 생태계를 형성하고, 지속 가능한 사회 발전에 기여하는 허브로서의 역할을 수행할 수 있을 것이다.

4) AI 시대 네 번째 핵심역량: 협업

AI 시대를 살아가는 대학생이 반드시 갖추어야 하는 또 다른 역량은 **협업 능력**이다. 구체적으로 **협력과 소통, 그리고 책임감**을 키워야 한다. AI 기술이 빠르게 발전하면서 인간과 AI 간의 협력뿐만 아니라, 사람 간의 협력과 공감 능력이 더욱 중요해지고 있다. 단순한 기술 활용 능력만으로는 변화하는 환경에 적응하기 어렵다. 학생들은 협업을 통해 다양한 관점을 수용하고, 윤리적 딜레마와 복잡한 사회 문제를 해결할 수 있는 역량을 키워야 한다. 더 나아가 책임감

있는 행동을 통해 인간 존엄성과 환경 보호를 존중하며, AI 기술의 윤리적 사용과 사회적 가치를 실현할 수 있는 글로벌 리더로 성장해야 한다.

AI 시대에도 협력과 소통은 여전히 대학교육의 핵심 가치이다. 개별적인 역량뿐만 아니라, 팀워크와 집단지성이 문제해결의 핵심 요소로 작용하기 때문이다. AI와 인간이 상호 보완적으로 협력하고 원활히 소통하는 능력이 더욱 중요해지고 있다. 브린욜프슨(Brynjolfsson)과 맥아피(McAfee)는 제2의 기계시대에서 AI는 인간의 사고력과 창의성을 확장하는 도구로 활용될 수 있으며, **AI와 인간의 협업**을 통해 더욱 혁신적인 결과를 도출할 수 있다고 설명했다(Brynjolfsson & McAfee, 2014).

실제 사례들이 이를 잘 보여 준다. 마이크로소프트와 깃허브(GitHub)의 연구에 따르면, AI 기반 코딩 도구인 깃허브 코파일럿(GitHub Copilot)을 활용하는 개발팀이 개별 개발자보다 55% 더 빠르게 코드를 작성했다. 코파일럿은 개발자가 작성하는 코드의 맥락을 이해하고 다음에 필요한 코드를 실시간으로 제안하는 AI 도구로, 개발 속도를 크게 향상시킨다. 특히 팀 내 코드 리뷰와 협업 과정에서 AI가 제안한 코드를 인간이 검토하고 개선하는 협력 방식이 코드 품질을 크게 향상시켰다.

딥마인드(DeepMind)의 알파폴드(AlphaFold)와 생물학자들의 협업 사례도 주목할 만하다. 알파폴드는 단백질의 3차원 구조를 예측하는 AI 시스템으로, 수십 년간 풀리지 않던 생물학의 난제를 해결하며 획기적인 성과를 거뒀다. 그러나 알파폴드가 단백질 구조 예측에 성공했음에도, 실제 신약 개발과 치료법 발견은 생물학자, 화학자, 의학자들의 긴밀한 협업을 통해서만 가능했다. 코로나19 치료제 개발 과정은 여기에 AI라는 새로운 협력자가 더해진 사례이다. AI가 제공한 방대한 데이터 분석 정보를 바탕으로 각 분야 전문가들이 협력한 다학제적 팀워크가 핵심적 역할을 했던 것이다. 이처럼 AI가 빠르고 정확하게 데이터를 분석하는 동안, 인간은 창의적 사고와 윤리적 판단을 통해 문제해결을 주도한다. AI 활용이 필수적인 시대일수록 역설적으로 사람 간의 협업과 팀워크 능력이 더욱 중요해진다.

따라서 다양한 전공과 배경을 가진 학생들이 함께 협력하여 문제를 해결하는 경험을 쌓을 수 있도록, **프로젝트 기반 학습, 캡스톤 디자인, 멘토링 시스템 등을 적극 활용**해야 한다. 한림대학교 디지털인문예술전공은 이러한 협업 교육의 대표적인 사례이다. 프로젝트 기반 학습을 중심으로 한 실전 문제해결형 교육과정을 지속적으로 운영하며, 학생들이 다양한 전공과 배경을 가진 동료들과 협력하여 창의적이고 실용적인 문제해결 역량을 기를 수 있도록 지원해 왔다. 특히 [그림 4-2]와 같이 수업 프로젝트 성과를 공유하는 기말 프로젝트 전시회를 지난 8년간 꾸준히 개최하고 있다. 학생들은 이 과정에서 디지털 기술과 인문학적 사고를 융합하여 새로운 가치를 창출하고, 협업과 소통 역량을 강화하는 기회를 얻는다.

한편, AI 기술이 발전할수록 인간의 의사결정 과정에서 AI의 영향력이 커지며, 이에 따른 책임도 더욱 중요해지고 있다. AI는 강력한 도구이지만, 편향된 데이터 학습, 프라이버시 침해, 저작권 문

그림 4-2 한림대학교 디지털인문예술전공 기말 프로젝트 전시회

제 등 다양한 윤리적 문제를 수반할 가능성이 있다(김혜정 외, 2024; Howe et al., 2024). 따라서 학생들은 AI 기술을 책임감 있게 사용하고, 기술의 사회적 영향을 고려할 수 있는 **윤리적 책임감을 배양**해야 한다.

UNESCO의 AI 윤리 가이드라인(2021)은 AI 기술을 개발하고 활용하는 과정에서 인권, 공정성, 투명성, 지속 가능성 등 여섯 가지 윤리적 원칙을 준수할 것을 강조한다. 대학은 이러한 원칙을 교육과정에 반영하여, 학생들이 단순히 기술을 활용하는 것을 넘어, 기술의 윤리적 · 사회적 영향을 비판적으로 분석하고 책임감 있는 결정을 내릴 수 있도록 가르쳐야 한다.

구체적으로 각 대학은 AI 윤리 교육을 정규 교과과정에 포함하고, AI 사용의 장점과 한계를 탐구하는 수업을 확대해야 한다(손혜숙, 2022). 또한 AI 기술을 활용한 사회적 문제해결 프로젝트를 운영하여, 학생들이 AI를 책임감 있게 활용하는 경험을 제공할 필요가 있다. 이를 통해 학생들은 AI를 단순한 도구가 아닌, 인간과 사회에 긍정적인 영향을 미칠 수 있는 책임 있는 기술로 활용하는 역량을 갖추게 될 것이다.

결국 AI 시대의 대학은 단순히 지식을 전달하는 곳을 넘어, 학생들이 새로운 문제를 창의적으로 해결하고, 윤리적으로 기술을 활용할 수 있도록 돕는 배움의 장이어야 한다. 대학교육은 단순한 기술 습득을 넘어 비판적 사고, 다학제적 융합 역량, 협업과 소통 능력, 그리고 사회적 책임 의식을 포괄하는 방향으로 확대되어야 한다(OECD, 유네스코, 그리고 유엔이 제시하는 AI 시대의 변혁적 역량에 대해서는 [더 알아보기] 참고).

2 기존 교과목 체계의 재검토와 혁신 방향

1) AI 격차 해소를 위한 교양교육의 방향성

현재 가장 시급한 대학교육은 AI 격차를 줄이는 교양교육이다. 체계적이고 포괄적인 교육 프로그램을 도입하여, 모든 학생이 공정하게 AI 기술을 학습하고 활용할 기회를 제공해야 한다. 이러한 교육은 단순히 프로그래밍 기술에 초점을 맞추는 것을 넘어, 바이브 코딩 도구나 직관적인 학습 플랫폼을 활용하여 접근성을 높이는 방향으로 설계되어야 한다(이도열, 장효경, 2021; 이소율, 이영준, 2023). 이러한 노력은 학생들이 기술 중심의 사회에서 경쟁력을 갖추고,

변화하는 환경에 능동적으로 대응할 수 있는 역량을 배양하는 데 기여할 것이다.

AI 교양교육은 수업의 목적, 학생들의 수준과 배경을 고려하여 단계적으로 설계되어야 한다. 따라서 다음에서 제시하는 제안은 절대적이지 않고, 각 대학과 교육 현장의 상황에 맞게 유연하게 적용될 수 있다. 먼저 기초 단계에서는 프로그래밍 경험이 없는 비전공 학생들을 대상으로 노코드 도구와 시각적 프로그래밍을 활용한 AI 실습이 필요하다. 구글 티처블머신(Google Teachable Machine, [그림 4-3] 참고)은 웹 브라우저에서 이미지, 소리, 자세 인식 모델을 드래그 앤 드롭 방식으로 학습시킬 수 있는 노코드 도구로, 학생들이 코딩 없이도 자신의 데이터로 AI 모델을 직접 만들어 보며 AI의 작동 원리를 직관적으로 이해할 수 있다. 오렌지3(https://orangedatamining.com/)는 시각적 프로그래밍 인터페이스를 통해 데이터 분석과 머신러닝을 수행할 수 있는 오픈소스 도구로, 블록

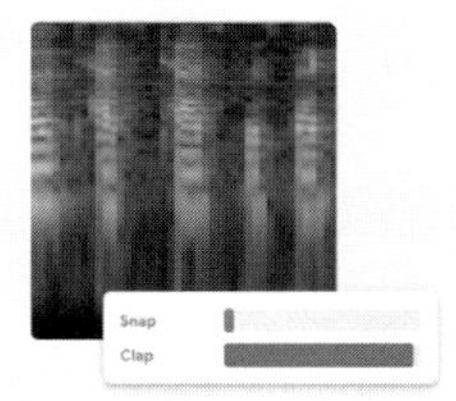

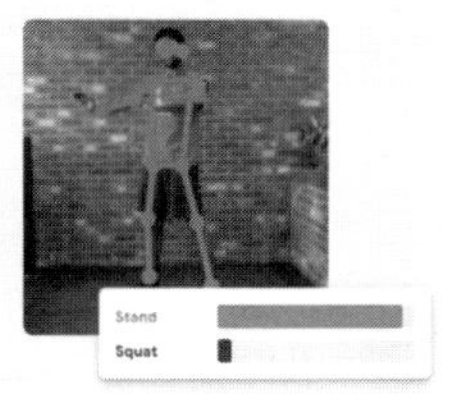

그림 4-3 구글 티처블머신(https://teachablemachine.withgoogle.com/)

을 연결하는 방식으로 데이터 전처리부터 모델 학습까지 전 과정을 경험할 수 있다. 이 단계에서 학생들은 노션, 구글 앱, 슬랙과 같은 온라인 협업 도구를 활용하여 디지털 리터러시를 함께 함양할 수 있다.

이러한 기초를 바탕으로 중급 단계에서는 커서(Cursor)나 코파일럿(Copilot) 같은 AI 코딩 보조도구를 활용한 바이브 코딩으로 나아갈 수 있다. 자연어 기반의 직관적인 프롬프트를 통해 AI가 코드를 자동 생성하도록 하는 이 방식은 프로그래밍 문법을 완전히 숙지하지 않은 초보자도 아이디어를 코드로 구현할 수 있게 해 준다. 한편, 구글 랩스(Google Labs, [그림 4-4] 참고)는 구글이 실험적인 AI 기술을 일반 사용자에게 먼저 공개하는 플랫폼으로, NotebookLM(문서 기반 AI 어시스턴트), ImageFX(이미지 생성 AI), MusicFX(음악 생성 AI), Veo(영상 생성 AI) 등 다양한 바이브 코딩 기반 AI 도구를 제공한다. 특히 최근 공개된 Opal(현재 일부 국가만 사용 가능)은 자연어 프롬프트만으로 웹 애플리케이션을 만들 수 있어, 학생들이 복잡한 프로그래밍 지식 없이도 자신의 아이디어를 실제 동작하는 앱으로

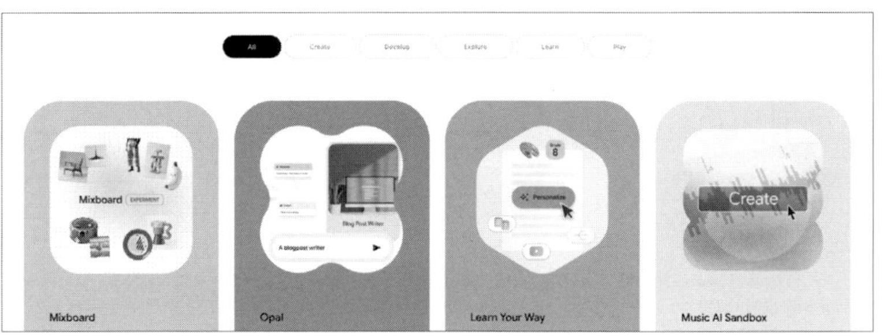

그림 4-4 구글 랩스(https://labs.google/experiments)

구현할 수 있게 해 준다.

고급 단계의 AI 실습 교양 수업은 다양한 인문사회적 이슈를 파악하고 AI 기술을 적절히 적용하는 융합적이고 창의적인 문제해결 역량을 키우는 데 초점을 맞춘다. 빈곤, 환경 변화, 도시 계획, 교육 격차, 건강 불평등 등 다양한 사회적 이슈를 주제로 선정하여, 학생들이 문제의 사회적 맥락을 이해하고 기술적 접근 방식을 탐구하도록 유도한다. 문제해결 과정에서는 전공수업 또는 자율학습을 통해 습득한 자연어처리(NLP), 컴퓨터 비전, 데이터 분석 등의 기술을 활용할 수 있다. 예를 들어, 환경 데이터를 분석해 기후 변화를 예측하거나 도시 안전을 위한 영상 분석 시스템을 설계하는 등 실질적인 해결 방안을 탐구하게 한다. **캐글(Kaggle)이나 데이콘(DACON) 등 AI 경진대회 플랫폼에 참여**하여 다양한 실제 문제를 해결하는 경험을 제공하며, 학생들이 학문적 응용 능력과 사회적 통찰력을 동시에 기를 수 있도록 지원한다.

이러한 단계적 접근법을 통한 교양교육의 목적은 명확하다. 학생 간 디지털 · AI 격차를 줄이고, 모든 학생에게 필수적인 AI 역량을 함양하는 것이다. 노코드 도구로 AI의 기본 원리를 익히고, 시각적 프로그래밍으로 데이터 처리 과정을 이해한 후, 바이브 코딩을 통해 실제 애플리케이션을 구현하며, 나아가 사회적 문제해결에 AI를 적용하는 이러한 단계적 학습 경로는 전공과 관계없이 학생들이 AI 기술에 자신감을 갖고 접근할 수 있게 만든다(서주영, 신승훈, 2024; 최민수, 김현우, 2024; Lee, 2022). 학생들은 AI 기술을 단순히 배우는 것을 넘어, 사회적 문제를 이해하고 해결하는 데 적용할 수 있는 실질적인 경험을 쌓으며, AI가 사회에 미치는 영향을 비판적으로 평가하는 능력을 갖추게 된다. 궁극적으로 이러한 교양교육은 학생들이 AI를 각자의 전공 분야와 융합하여 활용할 수 있는 기초 역량을 제공하고, 기술적 역량과 함께 사회적 책임감을 함양하며, 미래의 복합적인 문제를 해결할 수 있는 준비된 인재로 성장할 수 있는 기반을 제공할 것이다.

2) AI 결합 전공교육의 방향성

전공교육은 각 분야의 핵심역량과 AI 기술을 유기적으로 접목하여 학생들이 실무와 연계된 전문성을 기를 수 있도록 설계해야 한다. 다만 모든 전공교육이 AI 융합을 기반으로 할 필요는 없다. 철학, 역사, 문학 같은 인문학 분야에서는 전통적인 학문적 탐구 방식과 이론 중심의 교육이 여전히 중요한 역할을 한다. AI 기술을 분석 도구로 활용할 수 있지만, 창의적 사고와 비판적 논의를 심화하기 위한 전통적인 독서, 토론, 글쓰기 교육도 여전히 중요하다.

그러나 빠르게 변화하는 기술 환경과 미래 직업 시장의 요구에 대비하기 위해, 각 전공은 AI 기술을 전공의 특성과 목적에 맞게 결합하는 **전공특화 AI 결합 교과과정**을 마련해야 한다. 구체적으로 전공별로 목표로 하는 디지털 · 데이터 · AI 리터러시 수준을 정하고, 특정 전공 수업이 이를 체계적으로 반영해야 한다. 전공별로 필수 AI 도구를 명확히 정하고, AI 교육을 실무와 연계하며, AI 기반 프로젝트를 직접 수행할 기회를 제공해야 한다. 이를 통해 학생들은 자신

의 전공 분야에서 AI 기술을 효과적으로 활용하는 역량을 기르고, 실무에서 요구하는 디지털 · 데이터 · AI 리터러시를 갖춘 인재로 성장할 수 있다.

영어교육전공을 예로 살펴보자. AI 시대에 요구되는 영어교수 · 학습의 새로운 방향은 크게 네 가지에 집중해야 한다. 첫째, **비판적 사고와 AI 활용 능력**이다. AI가 제공하는 번역과 텍스트를 무조건 신뢰하는 것이 아니라, 이를 비판적으로 분석하고 오류를 수정하는 능력을 길러야 한다. 예를 들어, **인간과 AI가 만든 소설의 문체와 문맥을 비교 · 분석하는 활동**을 통해, AI가 놓치는 문맥적 요소와 인간이 표현하는 감성적 · 문화적 뉘앙스를 파악하는 연습을 할 수 있다. 이를 통해 AI의 한계를 이해하고, 창의적 · 비판적 언어 활용 능력을 개발할 수 있다(Han & Kim, 2023).

둘째, **협력과 소통을 중심으로 한 실제 커뮤니케이션 교육**이다. AI 번역 기술이 점점 더 정확해지고 있지만, 인간의 감정, 문화적 뉘앙스, 맥락을 완벽하게 반영하지 못하는 한계가 있다. 따라서 글로벌 인재로 성장하기 위해서는 **AI의 한계를 인지**하고 효과적으로 협력하며 의사소통하는 능력을 길러야 한다. **토론, 발표, 협업 프로젝트 등의 활동을 강화**하여 학습자들이 실제 상황에서 영어를 효과적으로 사용할 수 있도록 해야 한다.

셋째, **전문 분야별 특수목적영어(English for Specific Purposes: ESP) 교육**이다. 한수미(2024)는 AI 시대의 영어교육이 일반 교양 영어와 전문가 양성 영어로 나뉠 것이라고 전망한다. 일반 교양 영어는 자동 번역기와 생성형 AI 도구를 실생활에서 활용하는 능력에 중점을 둔다. 반면, 전문가 양성 영어는 비즈니스, 법률, 의학, 공학 등 특정 산업 분야에서 전문성을 갖춘 인재를 배출하는 데 초점을 맞춘 특수목적영어 교육으로 발전할 것이다. 전문 분야 실무 영어교육을 강화하고, 학습자들이 AI와 협력하여 보다 정교한 언어 활용 능력을 개발할 수 있도록 해야 한다.

넷째, **영어 관련 AI 에듀테크 산업 분야의 진로 설계 교육**이다. 전공 수업에서는 문제 기반 학습(Problem-Based Learning: PBL) 방식을 적용하여 학생들이 영어교육과 관련된 문제를 정의하고, AI 기술을 활용한 해결책을 설계하며 이를 실질적으로 구현하는 경험을 제공해야 한다. 예를 들어, 학생들은 챗지피티의 커스텀 지피티에스(Custom GPTs)를 활용한 영어 학습 챗봇을 설계하거나, AI 기반 발음 교정 시스템을 개발하거나, 데이터 분석을 통해 학습자의 취약점을 진단하고 AI 학습 시스템 개선 방안을 제안하는 프로젝트를 수행할 수 있다(김혜경, 한수미, 2021; 이진화 외, 2023; 최원경, 2021; Kim & Han, 2023). 이러한 실습 중심의 교육은 학생들이 영어교육 분야에서 새로운 가능성을 탐구하고, 향후 AI 기반 에듀테크 산업에서 경쟁력을 갖추는 데 기여할 것이다(곽지영, 2023; 한수미, 2024).

이러한 영어교육의 AI 결합 방안은 타 전공에도 유사하게 적용될 수 있다. 의학, 간호학, 경영학, 법학, 공학 등 다양한 분야에서 비판적 사고와 AI 활용 능력, 협력과 소통, 전문 분야별 특화 교육, 그리고 관련 산업 분야 진로 설계 교육은 모두 유효한 핵심 요소이다. 전공별 교육 목표와 특성에 맞춰 AI 기술을 접목하고, 문제 기반 학습과 프로젝트 중심 학습을 활용한다면, 학생들이 전공 분야의 전

문성을 강화하면서도 디지털 · 데이터 · AI 리터러시를 체계적으로 습득할 수 있는 융합형 교육을 구현할 수 있을 것이다. 구체적인 융합 교육 설계 사례는 제7장에서 더 자세히 다룬다.

OECD, 유네스코, 그리고 유엔이 제시하는 AI 시대의 변혁적 역량

AI 시대가 도래하면서 교육의 의미와 역할은 더욱 확장되고 있다. 이제 대학교육도 학생들이 AI와 같은 첨단 기술을 이해하고 활용할 수 있는 역량을 기르는 동시에, 기술의 윤리적 · 사회적 영향을 통찰할 수 있는 비판적 사고와 책임감을 함양하는 데 중요한 역할을 맡게 되었다. 구체적으로 주요 국제 기구인 OECD, 유네스코, 그리고 유엔의 미래교육과 AI 관련 연구 보고서에는 어떤 내용이 담겨 있을까?

OECD Education 2030 프로젝트와 변혁적 역량

OECD의 Education 2030 프로젝트는 미래 사회를 선도할 인재 양성을 위한 가이드라인으로, 2030년 이후의 세계를 살아갈 학생들이 갖추어야 할 핵심 역량을 제시했다. 이 프로젝트의 목표는 명확하다. 학생들이 지식(학문적 · 간학문적 지식 등)과 기술을 학습하고, 바른 태도와 가치관을 키우면서, 지역 · 사회 · 글로벌 차원에서 협업할 수 있도록 돕는 것이다. 여기서 말하는 기술은 인지적 · 메타인지적 기술(비판적 사고, 창의적 사고, 자기 학습 및 자기 조절), 사회적 · 감정적 기술(공감, 자기 효능감, 협업), 실용적 · 신체적 기술(정보통신기술 기기 사용 등)을 포함한다. 태도와 가치관은 동기부여, 다양성 존중, 신뢰, 덕목 등을 의미한다(OECD, 2019).

이러한 기반 위에서 프로젝트는 미래를 이끌어 갈 학생들이 갖추어야 할 세 가지 변혁적 역량을 제시한다. 첫째는 **새로운 가치 창출**이다. 창의적이고 혁신적인 사고를 통해 사회적 · 환경적 문제에 새로운 솔루션을 제시하는 능력이다. 학생들이 기존 지식을 활용하는 것을 넘어, 새로운 아이디어와 가치를 실질적으로 만들어 낼 수 있도록 돕는다. 둘째는 **갈등과 딜레마 조정**이다. 복잡한 문제와 윤리적 딜레마를 해결하며 균형을 유지하는 능력을 말한다. 다양한 이해관계자들의 관점을 수용하고, 갈등 상황에서 합리적이고 공정한 해결책을 모색할 수 있는 역량이 여기에 포함된다. 셋째는 **책임감 있는 행동**이다. 개인의 행동이 사회와 환경에 미치는 영향을 고려하며, 윤리적이고 지속 가능한 방식으로 문제를 해결하는 능력이다. 학생들은 사회적 책임을 인식하고, 긍정적인 변화를 이끌어 내기 위해 책임감 있게 행동해야 한다. 결국 이러한 변혁적 역량은 학생들이 자연 · 디지털 · 사회적 맥락에서 세상의 복잡성과 가치를 이해하면서 미래를 이끌어 갈 핵심 인재로 성장하는 데 필수적인 요소이다([그림 4-5] 참고).

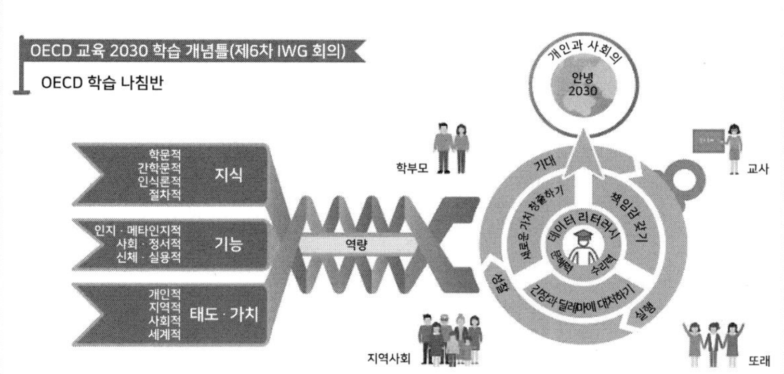

그림 4-5 **OECD 학습 나침반. 미래 사회에서 요구되는 변혁적 역량과 학습 지향점**

출처: 최상덕(2018).

유네스코의 미래 교육 비전

유네스코는 AI 기술이 교육 분야에 가져올 혁신과 도전에 주목하며, 교육의 미래를 형성하는 중요한 논의를 이어 가고 있다. 2019년 5월 중국 베이징에서 열린 AI와 교육 국제 회의에는 약 100여 개국 대표들이 참석해 AI가 교육과 노동 시장에 미치는 영향을 심도 있게 논의했다(UNESCO, 2019). 참가자들은 AI가 교육과 평생 학습 시스템에 미치는 영향, AI 기반 혁신의 잠재력, 그리고 AI와 인간 협업에서 발생할 윤리적 · 사회적 문제를 검토했다.

회의의 핵심 주제는 **AI가 어떻게 포괄적이고 공정한 교육 시스템을 만들고, 디지털 격차를 줄이며, 평생 학습 기회를 확대할 수 있는가**였다. 주요 권고 사항으로는 교육 관련 AI 정책 수립, 데이터 기반 교육 관리 시스템 개발, AI를 활용한 맞춤형 학습과 평가 도입, AI 기술 및 가치 기반 교육 강화, 평생 학습 지원, 그리고 AI의 공정하고 윤리적인 사용 촉진 등이 제시되었다. 또한 이러한 AI 기술의 성과를 모든 지역과 계층에 공평하게 제공하려면 국제적 협력과 다자 간 파트너십이 필수라는 것을 강조했다. 결국 글로벌 차원의 협력 없이는 AI 시대 교육의 진정한 변화를 이룰 수 없다는 메시지였다.

유엔의 AI 격차와 미래 일자리

유엔의 「AI 격차(AI divide)에 주목하라: 미래 일자리의 글로벌 관점」 보고서는 인공지능의 불균등한 채택이 만들어 내는 글로벌 형평성, 공정성, 사회적 정의 문제를 정면으로 다룬다(Berg et al., 2024). 디지털 인프라, 첨단 기술, 양질의 교육 및 훈련에 대한 접근 격차가 기존의 불평등을 더욱 심화시키고 있다는 것이다. 특히 AI 중심의 경제 전환 과정에서 개발도상국이 소외될 위험이 크다고 경고한다.

보고서는 이러한 격차를 해소하기 위한 해법으로 디지털 인프라 확충, AI 기술 역량 강화, 포괄적 성장 전략 수립을 제시한다. 그리고 이 과정에서 대학교육이 핵심적인 역할을 해야 한다고 강조한다. 대학교육은 **디지털 격차를 줄이고 AI 시대에 필요한 기술과 역량을 학생들에게 전달하는 허브 역할**을 한다. 학생들은 대학에서 AI 기술을 활용할 수 있는 실질적인 역량을 키우고, 사회적 대화를 이끌며, 지속 가능한 발전과 빈곤 완화에 기여할 수 있는 인재로 성장한다. 이 유엔 보고서는 또한 국제적 협력의 중요성을 강조한다. AI 역량 강화와 디지털 인프라 확충이 국제 협력을 통해 이루어져야 더 공정하고 회복력 있는 AI 생태계를 만들 수 있다는 것이다. 대학은 이러한 협력의 중심에 서서, 인간 존엄성과 노동 기준을 지키며 글로벌 경제 기회를 확대하는 데 기여해야 한다. 결국

이러한 논의는 하나의 메시지로 귀결된다. AI 격차를 해소하는 데 있어 대학교육은 미래를 준비하는 핵심 기반이라는 점이다.

종합하면, 최근 주요 국제기구의 미래인재양성 보고서를 통해 한 가지 분명한 사실을 확인할 수 있다. AI 시대에 대학교육은 지식과 기술을 가르치는 단계를 넘어서야 한다는 것이다. 인간 고유의 창의성과 윤리적 판단, 책임감 등을 키우는 포괄적이고 변혁적인 교육을 제공해야 한다. 결국 AI 시대 대학교육의 핵심은 명확하다. 단순히 정보나 기술을 가르치는 데 그치지 않고, 학생들에게 인간 고유의 창의력 · 공감 능력 · 윤리 의식을 심어 주는 것이다. 이를 통해 디지털 격차와 사회 불평등을 완화하고, 지속 가능한 발전을 이끌어 내야 한다. 이는 앞서 살펴본 '인간다움의 심화'와 '사회적 역량의 강화'라는 두 축의 조화로운 통합이라는 교육 목적과도 정확히 맞닿아 있다. AI 시대 대학교육이 나아가야 할 방향은 바로 여기에 있다.

제5장

대학의 AI 끌어안기: 교수 · 학습 및 평가 리디자인

인공지능 시대의 대학은 더 이상 지식을 단순히 전달하는 공간이 아니다. 이제 대학은 학생들이 생각하는 법, 협업하는 법, 그리고 기술을 비판적으로 활용하는 법을 배우는 공간이 되어야 한다. 이러한 변화는 거창한 비전만으로 이루어지지 않는다. 교수와 학생이 수업 속에서 주고받는 상호작용 속에서 한 걸음씩 이루어진다. AI가 교육의 전 과정을 뒤흔드는 지금, 대학은 수업 설계, 평가 방식, 교수자의 역할 자체를 새롭게 그려야 한다. 이 장에서는 대학 수업에서 인공지능을 어떻게 받아들이고 활용할 수 있을지를 살펴본다.

1 학습 생태계의 변화

대학교육은 전통적으로 전문 지식과 기술의 습득을 핵심 목표로 삼아 왔다. 각 분야의 교수자들은 자신이 속한 영역에서 중요한 개념과 기술을 강의나 세미나 형태로 학생들에게 전달한다. 효과적인 정보 전달을 위해서 시청각 자료가 활용되며, 전공 특성에 따라서 실습이나 프로젝트 수행이 중심이 되기도 한다. 이러한 방식은 오랜 기간 동안 대학교육의 기본 틀을 형성해 왔지만 문제점 또한 존재한다. 한 명의 교수자가 다수를 상대로 수업을 진행하기 때문에 개별 학습자의 이해 수준, 선행 지식, 학습 속도를 고려하지 못한다는 것이다.

전통적으로 학생의 학업 성취는 주로 시험과 과제 평가를 통해 측정되었는데, 평가의 초점은 주로 학생이 특정 정보를 얼마나 정확히 기억하고 적용할 수 있는지에 있었다. 평가의 '객관성'이 강조되면서, 사고 능력이나 창의력처럼 주관적 판단이 필요한 영역은 상대적으로 평가가 등한시되었다. 또한 교수자의 주관이 필요한 질적인 평가가 이루어지는 경우에도 한 명의 교수자가 다수의 학생을 평가해야 하는 구조적 제약으로 말미암아 시간이 적게 드는 객관식, 단답식 평가에 대한 의존이 심화되었다. 그 결과 측정이 쉬운 지식 위주의 평가 방식이 만연하게 되었고, 이는 학생들의 사고력, 문제해결 능력, 창의성 개발을 제한하는 요인으로 작용하였다.

강의식 교육과 지식 중심의 평가 체계는 여전히 대학교육의 주도적 특징이지만, 이러한 교육 방식은 학습 환경의 변화에 대응하는 데 역부족이다. 정보기술(IT)의 발전은 지식 전달과 습득이 보다 효율적, 즉 짧은 시간에 더 효과적으로 일어날 수 있도록 만들었다. 이미지, 영상 등 다양한 멀티미디어 자료가 수업에 활발하게 활용되고 있고, 가상 현실의 등장은 학습 경험을 3차원으로 확대시켰다. 인터넷의 보급은 학습의 시간적 · 공간적 제약을 무너뜨렸다. 이제 학습자들은 정해진 교실에 머물 필요가 없다. 게시판, 단체 채팅방, 메신저, 화상 회의 도구 등을 통해 언제 어디서든 필요한 정보에 접근하고, 동료 학습자들과 아이디어를 공유하며, 생각을 교환할 수 있게 되었다. 이는 학습 공동체의 활성화를 촉진하고, 협력 학습의 가능성을 확장하고 있다.

인공지능의 발전은 학습과 교육 생태계의 변화를 한층 가속화하고 있다. AI는 방대한 양의 데이터를 분석하여 복잡한 질문에 대한 신속한 답변을 생성하며, 학습자 개개인의 특성과 요구에 따른 맞춤형 학습 콘텐츠를 빠른 시간 내에 생성할 수 있다. AI 기반 콘텐츠 제작 도구는 교수자들이 다양한 형식의 교육 자료를 손쉽게 만들 수 있도록 지원한다. AI는 평가에도 혁신을 가져오고 있다. 자동화된 채점 시스템은 교수자가 반복적인 채점 업무에 소요하던 시간을 크게 줄여 줄 수 있다. 또한 학습자의 학습 진도와 성취 데이터를 실시간으로 분석하여, 부족한 부분을 보완하도록 학생들에게 개별화된 피드백을 제공할 수 있다는 장점도 존재한다. 학습 활동 데이터(learning analytics)를 분석하여 학습 패턴을 이해하고, 학습 부진의 원인을 진단하며, 심지어는 학습자의 감정 상태까지 파악하여 정서적 지원을 제공하는 가능성까지 논의되고 있다.

이러한 정보기술의 발전은 대학교육의 구조와 기능을 근본적으로 바꿀 것으로 기대된다. 지식의 전달과 습득, 평가 과정이 자동화, 개별화되는 과정에서 교수자는 더 이상 단순한 지식 전달자로 남아 있을 수 없다. 앞으로의 대학 수업은 과거의 강의 중심 모델로는 더 이상 충분하지 않다. AI가 제공하는 효율성과 개인화를 바탕으로 하되, 이를 학습자의 주도적 참여와 의미 있는 학습 경험으로 연결할 수 있는 새로운 교수 전략과 모형이 필요한 시점이다.

2 AI 시대의 효과적인 교수 전략

인공지능이 교수와 학습 활동의 중심으로 떠오른 시대의 효과적인 교수 전략은 무엇일까? 인공지능을 대학교육에 어떻게 수용할 것인가의 문제는 기술적 · 교육적 · 윤리적 측면에서 다각도로 검토되어야 한다. 일차적으로 인공지능 도구는 교수자가 수업을 준비하고 관리하는 데 필요한 시간과 노력을 절감하여, 교수 활동을 효율화하는 데 기여할 수 있다. 하지만 AI를 통해 전통적인 강의 중심 교수 모형을 보다 더 효율적으로 만드는 것만으로는 충분하지 않다. 더 중요한 것은 대학이 지식 전달 중심의 교수 방식에서 벗어나 학습자의 참여와 탐구를 중심에 두는 학습자 중심의 교수 모형을

적극적으로 도입해야 한다는 것이다. 학습자의 적극적인 지식 습득과 탐구 활동을 지원하는 교수 모형을 채택하여 제3장과 제4장에서 강조한 비판적 사고력, 창의성 등의 역량이 교육될 수 있도록 하는 것이 필요하다. 이와 더불어 학생들의 AI 활용 능력에 대한 교육이 필요한데, 무비판적인 사용이 아니라 인공지능을 비판적으로 이해하고 생산적으로 활용할 수 있는 역량을 기를 수 있도록 하는 것이 필요하다. 이 절에서는 이 세 전략에 대해서 차례로 살펴본다.

1) 인공지능을 활용한 교수 활동의 효율화

AI의 등장과 함께 대학 수업에서도 다양한 AI 도구를 수업 준비와 운영에 활용하는 시도가 활발하게 이루어지고 있다. 교수자들은 AI를 사용하여 강의 슬라이드를 제작하거나, 수업 주제와 관련된 내용을 탐색하고, 평가 문항을 자동으로 생성하는 등 다양한 활동에 활용하고 있다. 이러한 활용은 교수자의 강의 준비와 전달 과정을 지원함으로써 수업의 효율성과 생산성을 높이는 효과를 가져올 것으로 기대된다(〈표 5-1〉 참고).

표 5-1 교수 활동 지원을 위한 AI 기능

기능	설명
자료 검색	강의 준비를 위한 자료, 이미지, 영상을 신속하고 정확하게 검색하여 제공한다.
강의록 & 강의 슬라이드 만들기	강의록 및 슬라이드를 생성하여 교수자의 강의 준비 부담을 줄인다. 강의 녹화가 필요한 경우 강의 영상을 편집, 생성하는 것을 지원한다.

보기, 연습 문제 만들기	학습자가 실습할 수 있는 문제와 보기를 생성하여 학습 효율성을 높인다.
문제 & 과제 출제	평가를 위한 과제와 시험 문제를 자동으로 생성하고 수정할 수 있는 기능을 제공한다.
채점 & 평가	학생들의 과제와 시험 답안을 신속하게 채점하고, 객관적인 평가를 지원한다. 객관식 질문뿐만 아니라 주관식 답안, 보고서 등의 채점을 지원한다.
질의응답 & 피드백	학생들의 질문에 신속하게 답변하고 개별화된 피드백을 제공한다.

AI 활용은 교수자의 시간과 노력을 절감할 뿐만 아니라, 시간과 비용의 제약으로 인해 실시하기 어려웠던 교수 활동들을 가능하게 하고 있다. 예를 들어, 대형 수업에서 개별 학생들의 질문에 신속하게 답하거나, 글이나 코딩의 오류를 수정하는 작업은 많은 시간과 노력을 요하는 일이다. 과거에는 조교의 도움 없이는 제한적으로밖에 수행할 수 없었지만, 인공지능의 도움을 통해서 더 많은 학생이 맞춤형 피드백을 받는 것이 가능해지고 있다. 이러한 기술 발전은 교수자와 조교 등 교수 지원 인력의 부족 문제를 해결하고, 교수 활동을 효율화하는 데 기여할 것으로 기대된다.

2) 지식 전달형 교수 모형에서 학습자 중심 교수 모형으로의 전환

전통적인 교수 모형은 대량의 지식을 신속하고 체계적으로 전달하고 지식 중심의 평가에 초점을 맞추었다. 강의식 또는 지식 전달

식 교육이 필요한 영역이나 상황이 여전히 존재하고 이 과정을 효율화하려는 노력 또한 여전히 의미가 있다. 그러나 **전통적 수업 모형은 인공지능 시대에 요구되는 비판적 사고력, 창의성 등의 역량을 효과적으로 기르는 데는 역부족**이다. 지식 전달 중심의 교수 방식에서 벗어나 **학습자의 참여와 탐구를 중심에 두는 학습자 중심의 교수 모형**을 수업에 적극적으로 도입해야 한다. 그동안 학계에서는 학습의 본질과 목표에 대한 성찰을 바탕으로 다양한 학습자 중심 교수 모형을 개발해 왔다.

협력 학습(collaborative learning)에서는 학습자들이 그룹으로 모여 공동의 목표를 달성하기 위해 상호작용하고 협력하는 것을 강조한다. 기존의 학습이 주로 개별 학습자 단위로 이루어진 반면, 협력 학습에서는 학습자들이 서로의 관점을 공유하고, 아이디어를 탐구하며, 집단 지성을 활용하여 문제를 해결하는 것이 중심이 된다. 이 과정에서 다양한 관점과 경험이 공유되면서 학습자들은 자신의 사고를 확장하고 보다 깊이 있는 이해에 도달할 수 있다. 또한 협력해서 문제를 해결하거나 프로젝트를 수행하면서 자신의 생각과 타인의 생각을 조율하며 공동의 목표를 향해서 자신들의 역량을 조율하고 조직화하는 것을 배우게 된다(Johnson & Johnson, 2009).

문제 기반 학습(Problem-Based Learning: PBL) 또는 **프로젝트 기반 학습(Project-Based Learning: PBL)**은 학습자들이 실제 문제를 해결하는 과정에서 지식과 기술을 학습하도록 설계된 교수법이다. 이 교수법은 현실 세계의 과제나 상황을 제시하여 학습 동기를 높이고, 문제해결력과 적용 능력을 높인다. 문제를 해결하는 과정에서 비판적 사고 능력, 문제해결 능력, 협업 능력이 자연스럽게 향상될 수 있다. 또한 문제해결이 학생 주도적으로 진행되기 때문에 자기 주도성과 창의성 또한 기를 수 있는 교수법으로 간주되고 있다(Kokotsaki et al., 2016).

탐구 학습(inquiry learning) 또는 **발견 학습**(discovery learning)은 교수자의 개입을 최소화하면서 학습자가 스스로 질문을 만들고 그에 대한 답을 탐구하면서 학습을 진행하도록 하는 교수법이다. 이 접근법은 학습자들의 호기심을 자극하고, 학습자 스스로 문제를 정의하고 해결하도록 유도한다. 탐구 학습은 특히 과학 및 사회 과목과 같은 탐구 중심의 분야에서 효과적이다. 학습자는 실험과 분석을 통해서 탐구적 사고와 비판적 사고 능력을 강화할 수 있다(Kuhlthau et al., 2015).

자기 주도 학습(self-directed learning)은 학습자가 스스로 학습 목표를 설정하고 이를 달성하기 위한 계획을 수립하여, 학습 과정을

그림 5-1 지식 전달형 수업과 학습자 중심 수업(AI 생성 이미지)

주체적으로 관리하는 것을 강조하는 교수법이다. 자기 주도 학습은 단순히 혼자 학습하는 것을 의미하지 않는다. 학습자가 스스로 학습의 방향을 설정하여 지속적으로 점검하고 주도하는 주체가 되는 학습을 지칭한다(Knowles, 1975). 자기 주도 학습은 학습자의 메타인지 능력을 전제로 한다. 학습자가 스스로 학습의 상태를 파악하고 다음에 필요한 학습이 무엇인지 계획하고 관리하는 능력을 가지고 있을 때 효과적이다. 평생 학습자로 성장하기 위하여 핵심적인 역량으로, 어렸을 때부터 점진적으로 자기 주도 학습의 범위를 넓혀 나가는 경험을 통해서 이러한 능력을 기를 수 있다.

변혁적 학습(transformative learning)은 학습자가 기존의 관점과 신념 체계를 재검토하고, 이를 바탕으로 새로운 관점과 행동 방식을 형성하도록 돕는 학습 이론이다. 학습자들이 단순히 정보를 습득하는 것을 넘어, 자신의 경험을 비판적으로 성찰하고 그 과정을 통해 자기 자신과 세상을 보는 방식을 변화시키는 것을 강조한다. 변혁적 학습은 학습자의 자율성과 비판적 사고를 기르는 데 중요한 역할을 하며, 특히 성인 교육에서 효과적이다. 이를 통해 학습자는 자신이 가진 신념과 가정을 성찰하고, 개인의 성장과 행동의 변화를 도모할 수 있다(Mezirow, 2008).

이들 대안적인 교수 모형들은 공통적으로 지식 전달 중심의 교수 방식에서 벗어나 학습자가 적극적으로 배움을 위한 활동에 참여하는 것을 강조한다. 학습자는 주어진 지식을 단순히 암기하기보다, 스스로 문제를 정의하고 필요한 자료를 수집하며 해결책을 탐색한다. 동료와 적극적으로 상호작용하고 협업을 통해서 집단으로 성과물을 만들어 낸다.

AI는 학습자 중심 교수 모형을 계획, 실행, 평가하는 전 과정을 지원할 수 있다. 과제 설계 단계에서 학습자들의 선호도와 과거 학습 데이터를 분석하여 맞춤형 활동을 제안할 수 있다. 과제 수행 단계에서 학습자의 참여와 협력 과정을 모니터링하고, 학습자가 생성한 보고서, 발표 자료 등을 분석해 개선이 필요한 부분에 대한 피드백을 제공하고 평가 과정도 지원할 수 있다. 현재 다양한 인공지능 도구와 시스템 개발이 진행 중에 있고, 이를 통해서 인공지능이 학습자 중심 교수 모형의 실행을 정교화하고 학습자들의 사고 능력, 협업 능력, 문제해결 능력을 개발하는 데 기여할 수 있을 것으로 기대된다.

3) AI 활용 능력 교육

인공지능이 업무에서 차지하는 비중이 증가하면서 단순히 지식이나 언어 능력, 코딩 능력만을 보유하는 것을 넘어, 인공지능 도구를 능숙하게 활용하는 능력이 더욱 중요해지고 있다. 이는 제4장에서 강조된, 디지털 · 데이터 AI 리터러시 능력의 일부로, 앞으로 대학 교양과 전공 수업에서 인공지능을 효과적으로 '부리는' 능력을 가르치는 것이 필요하다. AI에게 명확하고 정교한 지시(프롬프트)를 내릴 때 비로소 원하는 품질의 결과물(코드, 보고서 초안, 요약 등)을 얻을 수 있기 때문이다.

프롬프트 테크닉(prompt techniques) 또는 **프롬프트 엔지니어링**(prompt engineering)은 사용자가 인공지능에게 원하는 답이나 결과를 얻기 위해 효과적으로 지시하는 기술을 지칭한다. 단순히 질문을 던지는 것을 넘어, 인공지능이 최적의 결과물을 도출하도록 돕는 정교한 의사소통 방식이라고 할 수 있다. 프롬프트 설계에는 몇 가지 핵심 요소가 존재한다. 첫째, 정확한 **'맥락(context)'을 제시**하는 것이다. 인공지능이 문제의 본질을 이해하고 적절한 정보를 참조하도록 하기 위해서는 배경 정보나 상황을 명확하게 설명하는 것이 필요하다. 둘째, 명확한 **'제약 조건(constraints)'을 부여**해야 한다. 답변의 길이, 형식, 포함되어야 할 핵심어, 제외해야 할 내용 등을 구체적으로 제시할 때 인공지능이 불필요한 정보를 생성하지 않고 핵심적인 결과물에 집중하도록 유도할 수 있다.

예를 들어, 인공지능에게 특정 **역할(persona)을 부여**하여 작업을 하도록 지시하는 방법이 효과적일 수 있다. "당신은 전문 마케터라고 가정하고, 다음 제품에 대한 홍보 문구를 작성해 주세요."와 같이 역할을 부여하면, 인공지능은 해당 역할에 맞는 어조와 전문성을 가지고 답변을 생성한다. 원하는 **답변의 예시(examples)를 제공**하는 것도 매우 유용하다. "이런 형식으로 답변을 해 주세요: [예시 답변]."과 같이 구체적인 샘플을 제시하면, 인공지능은 사용자가 기대하는 답변의 구조와 스타일에 맞는 결과물을 생성할 수 있다. 이러한 프롬프트 설계 기술은 인공지능의 잠재력을 최대한 끌어내고, 결과물에 대한 만족도와 완성도를 높이는 데 중요하다([그림 5-2] 참고).

미래의 직업 환경에서는 다양한 인공지능 도구들이 업무의 필수적인 요소로 자리 잡을 것으로 전망된다. 단순한 반복 업무부터 복

역할 부여

인공지능이 무엇인지 설명해 줘.

➡ 너는 선생님이고 고등학생을 대상으로 인공지능에 대한 강의를 준비하고 있어. 인공지능이 무엇인지 설명해 줘.

예시 제공

김똑순이라는 이름을 가지고 삼행시를 지어 줘.

➡ 주어진 단어의 각 글자로 시작하는 문구나 문장으로 이루어진 글을 삼행시라고 해. 예를 들면, '콩나물'이 주어지면 다음과 같이 삼행시를 지어 줘.

콩: 콩기름을 넣고
나: 나물을 무치니
물: 물을 자꾸 마신다.

이런 방식으로 '김똑순'을 가지고 삼행시를 지어 줘.

그림 5-2 **프롬프트 테크닉 예시**

잡한 데이터 분석, 창의적인 콘텐츠 생성에 이르기까지 인공지능의 활용 범위는 지속적으로 확장될 것이다. 따라서 이러한 도구들을 이해하고, 활용하며, 통제할 수 있는 능력을 기르는 것은 미래 교육의 중요한 요소가 될 것이다.

인공지능 도구를 효과적으로 사용하고 활용하는 능력을 가르치는 것이 중요하지만, 단순히 프롬프트 테크닉을 익히거나 특정 인공지능 도구 활용법을 배우는 것만으로는 인공지능을 제대로 사용할 수 없다. 인공지능을 제대로 활용하기 위해서는 인공지능의 잠

재력을 끌어낼 수 있는 질문을 할 수 있어야 하는데, 이러한 질문을 던지려면 **해당 분야에 대한 깊이 있는 이해가 필수적**이다. 단순히 질문하는 기술만으로는 통찰력 있는 질문을 할 수 없다. 육하원칙이 좋은 글쓰기의 기본 요건이기는 하지만 그 원칙만으로는 훌륭한 글을 쓸 수 없는 것과 같다.

좋은 질문을 던지기 위해서는, 기존의 이론과 결과에 대한 충분한 이해가 선행되어야 한다. 지금까지 무엇이 밝혀졌고 어떠한 점이 부족한지를 파악할 수 있어야 그다음에 무엇이 필요한지를 질문할 수 있다. 의미 있는 질문은 다양한 개념과 현상 간의 관계를 적극적으로 탐색하고 검토하는 과정에서 탄생한다. 이러한 과정이 뒷받침되지 않으면, 아무리 정교한 프롬프트 테크닉을 사용하더라도 피상적이고 일회적인 결과에 머물 가능성이 크다. 또한 생성된 결과를 제대로 이해하고 활용할 수도 없다. 즉, 인공지능을 효과적으로 활용하기 위해서는, 기술적 숙련 이전에 **도메인 지식(domain knowledge)에 기반한 깊이 있는 사고력과 문제 이해**가 전제되어야 한다. 프롬프트 테크닉은 이러한 전문적 이해를 표현하고 확장시키는 도구로 사용될 때 진정한 의미를 갖는다.

수업에서 학생들의 인공지능 활용 능력을 교육하는 데 있어 주의해야 할 것은 **과연 인공지능 사용이 학생들의 역량 향상에 제대로 기여하는지**이다. 제1장에서 보았듯이 인공지능 도구의 사용이 학생들의 문제해결이나 글쓰기 능력 발달에 필요한 활동을 생략하게 만들 수 있다. 무비판적으로 학생들에게 인공지능 도구를 사용하게 하는 경우, 학생들이 빠르게 정답을 찾아낼 수는 있지만, 문제를 검토하고 비교하고 정보를 선별하고 통합, 전달하는 역량을 '학습'하지 못할 수 있다. 시간이 걸려도 교재를 읽고 노트하고 정리하는 과정에서 배운 내용이 조직화되고 기억된다. 불완전한 생각일지라도 스스로 아이디어를 만들고 검토하고 수정하는 과정에서 논리적인 사고 능력과 비판적인 사고 능력이 길러지기 때문이다.

AI는 복잡한 문제의 해결 과정을 돕는 강력한 도구이지만, AI를 답안 생성기로 취급하는 것은 바람직하지 않다. 그보다는 문제를 해결하는 과정에서 아이디어를 얻고, 자료를 분석하며, 새로운 관점을 탐색하는 협업 파트너로 AI를 활용하는 것이 바람직하다. 수업의 성격이나 학습자 수준에 따라서 인공지능 도구 사용 없이 학생들이 스스로 정보를 정리하고 글을 작성하도록 하는 것이 인공지능 활용 능력을 교육하기에 앞서 선행되어야 할 수도 있다.

AI의 한계를 교육하는 것 또한 중요하다. AI는 방대한 정보를 종합하여 결과를 내놓지만, 그 정보가 항상 정확하거나 최신 정보는 아니다. AI가 제공하는 정보의 신뢰성을 검증하고, 오류를 찾아내며, 다양한 출처와 비교하여 비판적으로 검증하는 능력을 기르는 것이 필요하다. 또한 AI 도구 사용이 보편화되면서 데이터의 저작권, 개인정보 보호, AI가 가진 편향성 등 윤리적 문제에 대한 이해가 중요해지고 있다. 제2장에서 언급된 AI를 사용할 때 발생할 수 있는 윤리적 쟁점을 인식하고, 사용 맥락과 목적에 적절하고 책임감 있게 도구를 활용하는 능력 또한 인공지능 활용 능력의 주요 부분이 된다.

3 AI 시대의 효과적인 평가 전략

인공지능은 평가 영역에서도 다양한 방식으로 활용될 수 있다. 평가는 그 평가 목적에 따라 **총괄평가**(summative assessment)와 **형성평가**(formative assessment)로 구분되며 AI는 두 평가 유형에서 모두 새로운 가능성을 제시한다.

1) AI 기반 평가 설계, 평가 문항 개발과 채점 자동화

평가의 설계는 일반적으로 학습 목표 설정, 성취 기준(achievement standards)의 분석 및 결정, 평가 요소의 도출, 그리고 채점기준의 설정 과정으로 이루어진다(지미정 외, 2024). 먼저, '무엇을 교육할 것인가'에 해당하는 학습 목표를 설정하고, 그 목표 달성을 위해서 학생이 성취해야 할 내용과 수준을 규정한 성취 기준을 결정한다.

성취 기준은 수업을 통해서 학생이 무엇을 배우고 무엇을 할 수 있어야 하는가를 구체적으로 제시하는 것으로 학습과 평가의 핵심 근거가 된다. 성취 기준에 따라 평가 요소를 도출하는데, 이는 학생들이 성취 기준에 도달했음을 보여 주는 핵심 학습 내용과 성취 증거를 구체적으로 기술한 것이다. 일반적으로 지식(knowledge), 기술(skills), 그리고 태도(attitudes)의 세 영역으로 성취 기준을 구분하고, 각 영역별 평가 요소를 제시한 뒤 최종적으로 채점 기준을 설정한다.

인공지능은 교수자가 효과적인 평가 전략을 수립하고 평가 도구를 설계하는 데 활용될 수 있다. 예를 들어, 인공지능은 수업 목표에 부합하는 적절한 과제 유형을 제안하거나, 성취 기준에 맞는 평가 요소를 생성할 수 있다. 또한 평가 요소와 채점 기준이 정해지면, 인공지능은 교수자가 제시한 내용, 형식, 대상, 난이도 등의 조건에 따라 선다형, 단답형, 서술형, ○×형, 빈칸 채우기형 등 다양한 형태의 평가 문항을 생성할 수 있다. 이러한 기능은 교수자의 업무 효율성을 높이는 동시에 평가 설계의 질을 향상시키는 데 기여할 것으로 기대된다.

객관식 문항의 채점과 달리 서술식 답변이나 코딩, 수학 풀이 과정의 평가는 상당한 시간과 인적 자원을 요구한다. 또한 채점자나 평가자의 주관적 판단이 개입될 가능성이 높아 채점의 공정성과 일관성에 대한 문제 제기에서 자유롭지 않다. 이러한 문제를 해결하기 위하여 채점 자동화(automated scoring) 기술이 오래전부터 개발, 활용되어 왔다. 자동채점은 평가 과정에서 채점자의 시간과 노력을 절감하고, 서술형 문제나 에세이 평가에서 발생할 수 있는 오류와 편차를 최소화하며, 주관성을 배제함으로써 공정성을 확보할 수 있다는 장점을 지닌다(이상하 외, 2015).

대표적인 사례로 미국 교육 평가원(Educational Testing Service: ETS)의 국제 공인시험인 TOEFL과 GRE에서 활용되는 이레이터(E-Rater) 시스템이 있다. 이레이터는 자연어처리 기법을 사용하여 에세이의 텍스트를 분석한다. 예를 들어, 에세이 내의 문법적 실수나 오타를 감지하고, 어휘의 다양성, 문장 구조의 복잡성, 표현의 정

확성 등을 평가한다.

이레이터는 또한 사람이 직접 채점한 대규모 에세이 데이터 셋을 학습하여, 우수한 에세이와 그렇지 않은 에세이의 특징을 비교, 분석한 모델을 구축한다. 새로운 에세이가 입력되면, 학습된 모델을 바탕으로 점수를 예측하고 피드백을 제공한다. 이러한 방식은 자동 채점이 단순한 채점 보조기능을 넘어서 학습자의 글쓰기 피드백 도구로 확장될 수 있음을 시사한다.

유사한 자동채점도구는 대학에서도 에세이 과제 평가에 활용되고 있다. 국내의 경우 인하대학교에서 개발한 에세이 자동채점 프로그램(Personalized Automated Scoring & Tutoring Assistant: PASTA)이 대표적이다. 국외에서는 프로젝트 보고서 평가에 여러 개의 거대언어모델(예: BART) 등을 사용하려는 시도가 보고되고 있다(Du et al., 2024). 대학생뿐만 아니라 중학생의 글쓰기 평가에도 인공지능 모델을 사용하려는 시도가 존재한다(박종임, 최숙기, 2023; 이용상 외, 2023).

이러한 자동화 시스템은 채점의 신속성과 일관성을 높이는 데 기여하지만, 동시에 명확한 한계를 가지고 있다. 예를 들어, ETS의 이레이터는 문법, 어휘, 구조 등 표면적 요소는 정확히 평가할 수 있지만 에세이의 창의성이나 비판적 사고 능력과 같은 고차원적인 능력을 평가하는 데에는 한계가 있다. 이러한 이유로 이레이터의 결과를 인간 채점자와 교차 검증하는 방식이 병행되기도 한다.

무엇보다 기계가 평가했다고 해서 반드시 공정하거나 객관적인 평가가 되는 것은 아니라는 것을 명심할 필요가 있다. 평가 과정에서 무엇을 중시할 것인가에 따라서 결과가 달라질 수 있고, 평가 기준의 타당성이 확보되지 않으면 안정된 평가 결과를 얻을 수 없다. 언어모델은 학습된 데이터에 내재된 편향에서 자유롭지 않으며, 특정 문화적 가치나 언어적 표현 방식에 따라 편향된 결과를 산출할 수 있다. 또한 평가에 사용되는 학생 답안의 저작권을 어떻게 다룰 것인가의 문제가 존재한다(한수미, 2024).

따라서 자동채점의 장점과 한계를 균형 있게 고려하여 평가 방식을 선택하는 것이 필요하다. 인공지능은 평가의 효율성과 일관성을 높일 수 있지만, 교육의 본질적인 목표와 인간적인 판단이 반영되는 공정한 평가 체계가 함께 구축되어야 한다.

2) 형성평가와 인공지능 활용: 개인 맞춤형 평가

형성평가는 학습 과정 중에 학습자의 이해도와 진도를 진단하고 지원하는 평가로, 결과물보다 학습의 과정(process)을 평가하는 데 초점을 둔다(성태제 외, 2024; Looney, 2011). 학습이 완료된 후 성취 수준을 평가하는 총괄평가와 달리, 형성평가의 목적은 학생의 학습 과정을 지속적으로 점검하고 개선을 유도하는 것에 있다.

인공지능의 주요 장점 중 하나는 **개인 맞춤형 평가와 실시간 피드백 제공**에 있다. 이러한 기능은 형성평가의 핵심 목표를 달성하는 수단이 될 수 있는데, AI가 학습자의 개별 학습 패턴과 능력 수준을 분석하여 맞춤형 진단을 제시하고, 이를 기반으로 교수자는 교육 내용이나 학습 속도를 조정할 수 있다(이용상 외, 2024). 이를 통해 학

습자는 자신의 이해의 결함과 학습 전략의 약점을 파악할 수 있고, 교수자는 학습자의 상태에 따라 적절한 지원과 피드백을 제공할 수 있다.

맞춤형 평가는 학습자의 개인적 특성, 학습 스타일, 숙달 수준을 고려하여 학습 경험을 개인화하는 접근 방식이다. 이러한 평가 방식은 적응형 학습 시스템(Intelligent Adaptive Learning System: IALS)이나 지능형 튜터링 시스템(Intelligent Tutoring System: ITS) 같은 교수 시스템에서 자주 활용된다. 알렉스(Assessment and LEarning in Knowledge Spaces: ALEKS)는 대표적인 AI 기반 적응형 코스웨어이다(Fang et al., 2019). 알렉스는 학습자의 응답 데이터를 분석하여 학생이 이미 숙달한 개념과 추가 학습이 필요한 영역을 구분하고, 학습 요소별 숙달도 형태로 결과를 제시한다([그림 5-3] 참고).

국내에서도 순천향대학교, 아주대학교 등 여러 대학이 알렉스 시스템을 수업 운영에 도입하여 활용하고 있다(김명희 외, 2023; 신종호

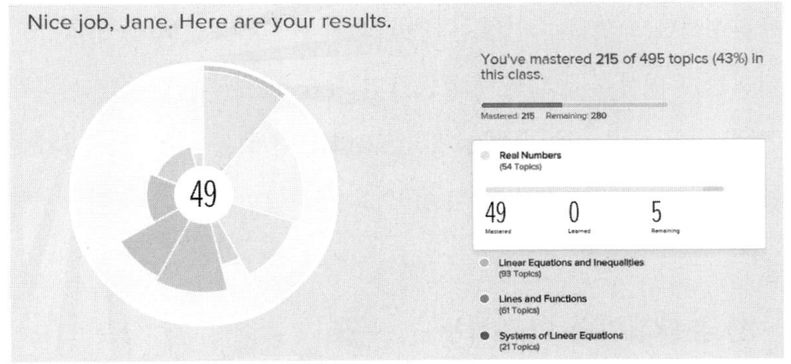

그림 5-3 알렉스가 제공하는 숙달도 그래프

출처: McGraw-Hill Education (2015).

외, 2021; 황은경, 신종호, 2021). 알렉스의 역할은 수업의 성격에 따라 달라질 수 있으나, 기본적으로는 문제풀이 과정을 분석하여 학생들의 이해 수준과 개념 숙달도를 진단하고, 그 결과에 따라 개인별 난이도에 맞는 다음 단계의 문제 또는 과제를 제시한다. 이러한 적응형 평가 시스템은 학습자의 현재 상태를 실시간으로 진단하고, 즉각적이고 개인화된 피드백을 제공함으로써 학습 효율성을 높이고 학습 격차를 완화하는 데 기여할 수 있다.

AI 기반 형성평가가 교육적으로 의미 있기 위해서는 몇 가지 전제 조건이 필요하다. 첫째, AI가 제공하는 피드백의 정확성과 타당성이 확보되어야 한다. 피드백이 표면적 오류만 지적하거나 맥락적 이해를 반영하지 못하면 학습자의 사고 확장보다는 단순 반복 학습을 유도할 수 있다. 둘째, 학습자의 자율성과 비판적 사고 능력이 길러질 수 있도록 평가 과정이 운영되어야 한다. AI의 판단에 과도하게 의존하면 학습자가 스스로 학습 목표를 설정하고 학습 경로를 탐색하는 능력이 약화될 수 있다. 셋째, AI 평가 시스템의 투명성과 윤리성도 중요한 요소이다. 어떤 기준과 데이터에 근거해서 평가를 내리는지 명확히 공개되지 않는다면 학습자는 평가 결과를 신뢰하기 어렵다. 또한 개인정보 보호, 알고리즘 편향 같은 문제는 평가의 공정성과 신뢰성을 훼손할 수 있다.

3) 총괄평가와 인공지능

총괄평가의 주요 목적은 학생들이 해당 단원이나 교재에 명시된 학습 목표와 성취 기준을 얼마나 달성했는지를 측정하는 데 있다. 총괄평가는 주로 학기 말이나 단원 종료 시점, 즉 학습이 마무리된 시기에 실시되고, 학습자의 지식 습득 수준과 기술의 숙달 정도를 측정하여 성적 부여, 졸업, 자격 취득에 대한 판단 근거로 사용된다. 전통적으로 총괄평가는 도구의 도움 없이 대면 환경에서 지필평가(written test) 또는 구두평가(oral examination)의 형태로 이루어진다. 일부 과목에서는 테이크홈(take-home)이나 오픈북(open-book) 형태로 며칠에서 몇 주의 기간을 두고 평가가 진행되는 경우도 있지만, 대부분은 정해진 시간에 실시되는 일회성 평가이다. 평가의 핵심은 학습자가 타인이나 도구, 교재의 도움 없이 혼자 힘으로 질문에 답하고 문제를 해결하는 능력을 평가하는 데 있다.

인공지능 사용이 확산되면서 기존의 총괄평가 방식이 학습자의 실제 역량을 공정하고 정확하게 평가할 수 있는지에 대한 근본적인 재검토가 필요해졌다. AI 도구의 개입이 학습자의 사고 과정과 성취 결과를 구분하기 어렵게 만들면서, 총괄평가의 신뢰성(reliability)과 타당성(validity)을 확보하기 위한 새로운 평가 설계가 요구되고 있다.

총괄평가 상황에서의 인공지능 사용을 허용해야 하는가, 또는 어느 수준까지 허용할 수 있는가에 대한 다양한 논의가 제기되고 있다. 이 문제는 평가의 공정성, 신뢰성, 그리고 학습자의 실제 역량 측정과 직결된다. 예를 들어, 영국 브리스톨대학교는 총괄평가에서 인공지능 사용 수준을 〈표 5-2〉와 같은 네 수준으로 구분하였다 (University of Bristol, n.d.).

표 5-2 브리스톨대학교가 제안한 총괄평가에서 인공지능 사용의 네 수준

인공지능 사용 수준	설명
전면 금지	AI 사용을 완전히 금지
최소한의 사용	전면 금지와 유사하나 단어 맞춤법이나 띄어쓰기 검사, 문법 교정 등 기본적인 도구 사용은 허용
선택적 사용	특정 활동(예: 자료 조사)에 한하여 AI 도구 사용 허용
필수적 사용	AI 도구 사용이 평가의 일부로 통합, 도구와 사용 방식 지정

각 수준이 언제, 어떤 상황에서 필요한지를 결정하는 것은 교수자들의 전문적인 판단에 달려 있다.

첫째, 전면 금지(prohibited)는 전통적인 평가 상황과 유사하게 인공지능의 사용을 완전히 금지하는 상황이다. 학생은 대면 감독하에서 지필 도구를 사용하여 문제를 풀거나 구두로 질문에 답한다. 수업 중 인공지능 도구를 활용할 수 있었더라도, 최종 평가 단계에서는 외부 자원의 개입 없이 학습자가 스스로의 기억과 사고 능력에 기반하여 질문에 답변한다. 이러한 평가 방식은 지식과 논리적 사고 능력의 습득이 중요한 과목이나 영역—예를 들어, 기초학문이나 개념 이해 중심의 과목—에서 여전히 필요할 것으로 보인다.

학생이 습득한 지식을 평가하는 것이 목적이 아니라 학생들이 학습한 지식을 활용하여 문제에 대한 답을 도출하는 능력을 평가하고자 할 때 과거에는 오픈북이나 테이크홈 형태의 시험이 종종 채택되었다. 하지만 이제는 AI가 답변을 대신 작성할 수 있기 때문에, 기존의 테이크홈이나 오픈북 형태의 평가 방식에 대한 조정이 필요하다. 대안적으로 오픈북 형태의 시험을 그대로 유지하기는 하되,

AI에 대한 접근을 물리적으로 차단한 상태에서 강의실 내에서 기기 없이 시험을 실시하는 것을 고려할 수 있다. 이러한 조치는 AI의 교육적 활용을 무시하는 조치가 아니라 학습자의 과제 이해도와 문제 해결 능력을 직접적으로 평가하기 위한 교육적 설계로 이해되어야 한다.

둘째, 최소한의(minimal) 사용을 허용하는 수준에서 평가가 진행될 수 있다. 이 수준에서는 단어 맞춤법이나 띄어쓰기 검사, 문법 교정(grammar check) 등 기본적인 도구 사용은 허용될 수 있다. 이때의 도구 사용은 표현상의 오류를 최소화하고 답안의 명확성을 높이기 위한 보조적 사용에 해당한다. 이러한 평가 방식은 학습자가 표현의 기술적 문제에 방해받지 않고 자신의 생각과 논리적 사고력을 드러낼 수 있도록 도울 수 있다. 예를 들어, 외국인 학습자가 답변에서 언어적 오류를 보정하는 보조도구로 사용하는 것이 이에 해당된다. 하지만 평가 동안에 기기 사용이 일부 허용되기 때문에 부적절한 방식으로 인공지능을 사용하는 행위가 발생할 가능성이 존재한다. 따라서 교수자는 허용된 도구의 범위와 사용 기준을 명확히 제시하고, 이를 위반한 경우의 책임과 절차를 분명히 해야 한다. 어떠한 이유로든 기기를 사용해야 하는 경우, 감독관이 모니터를 확인하거나, 필요한 경우 정해진 기기만 사용하도록 하거나 기기에 프로그램을 깔아서 접속한 프로그램을 사후에 확인하는 것도 필요하다.

셋째, 선택적(selective) 사용은 평가의 특정 요소 또는 단계에 국한하여 AI 도구 사용을 허용하는 방식이다. 학습자가 핵심 활동에 집중할 수 있도록 평가에 부차적인 활동에 대해서 AI 도구의 도움을 받을 수 있도록 하는 방식이다. 예를 들어, 기초 자료 조사 단계에서는 AI 도구 사용을 허용하지만, 자료를 종합하고 비교하는 것은 도구 없이 혼자서 하도록 하는 것을 들 수 있다. 이러한 평가 방식은 AI의 효율성을 활용하면서도 비판적 사고와 분석적 판단 능력을 학습자가 소지하고 있는지를 평가하는 데 유용할 수 있다. 하지만 이 경우 교수자는 AI 도구 사용이 허용되는 과제와 활동의 범위를 명확히 제시해야 하며, 유료 모델 사용 여부에 따라 발생할 수 있는 학생 간 불평등 문제를 인식하고 이에 대한 보완 대책을 마련해야 한다. 허용되는 활동을 위해서만 AI 도구 사용이 일어나도록 평가를 설계하고 필요시 제재할 수 있는 방안을 마련하는 것이 바람직하다.

넷째, 필수적(integral) 사용 수준은 AI 도구 사용이 평가의 핵심 요소인 경우를 지칭한다. 학생은 특정 인공지능 도구를 지정된 방식으로 사용하여 과제를 수행해야 하며, 이러한 활용이 수업의 학습 목표 달성과 직접적으로 연관되는 경우에 도입할 수 있다. 예를 들어, 프로그래밍 교육에서 AI 코딩 보조도구를 사용하여 코드를 작성하는 것이 학습 목표인 경우 해당 도구의 활용 능력 자체가 평가의 핵심 요소가 될 수 있다. 다만 이 경우에도 유료 모델 사용 불가로 인한 접근성 문제를 최소화하기 위해서 학교 차원의 도구 제공 또는 표준화된 버전 사용이 필요하다. 또한 학생들이 원치 않게 개인정보를 노출하거나 AI 시스템에 데이터를 제공하지 않도록 주의를 기울여야 한다.

보고서 같은 과제 수행이 총괄평가 목적으로 사용되는 경우 시험과 달리 인공지능의 사용을 원천 차단하는 것이 사실상 불가능하다. 보다 현실적인 해결책은 학생들이 인공지능에 의존하는 것이 어렵도록 평가를 설계하는 것이다. 과제 자체를 AI에게 전적으로 의존할 수 없도록 설계하는 것이 한 방법인데, 예를 들어 수업 시간에 학습한 내용을 바탕으로 한 질문을 만들거나 개인화된 과제(예: 자신의 문제를 분석)를 부여하는 것이다.

결과물만 평가하지 않고 학습 과정을 함께 평가하는 것도 대안 중의 하나이다. 즉, 형성평가적 요소를 접목시킨 총괄평가를 도입하는 것이다. 예를 들어, 글쓰기 과제의 경우 최종 결과물만 제출하는 것이 아니라 글쓰기 과정에서 생성된 중간 초안이나 수정본을 함께 제출하도록 할 수 있다. 서평 과제에서 책의 선택 사유를 사전에 제시하도록 하거나, 학생들의 개인적 경험과 관점이 드러나는 구체적인 산물을 요구할 수도 있다. 글의 초안을 공유하고 동료 피드백을 반영하도록 하여 평가 요소를 세분화하고 학습 참여가 평가 지표에 포함되도록 하는 것도 가능하다.

인공지능 사용이 광범위하게 확산되고 있는 상황에서 AI 사용을 단순히 금지하거나 학생 자율에만 맡기는 것은 충분한 대응이 될 수 없다. 학생들이 책임감 있게 도구를 활용하도록 지도하는 것은 여전히 교수자의 핵심 역할이다. 이를 위해 교수자는 명확한 가이드라인을 제시해야 하는데, 가이드라인은 수업의 맥락에서 어떠한 행위가 교육적으로 적절한가를 안내하는 역할을 해야 한다. 수업의 목적과 성격에 따라서 학생들이 아이디어를 얻는 과정에서만 인공지능을 사용하거나 또는 최종본을 검토하는 과정에서만 AI의 도움을 받도록 설정할 수 있다. 필요하면 학생들에게 AI의 윤리적인 사용을 위한 서약을 하도록 하는 것도 생각할 수 있다([더 알아보기] 참고). 이와 같은 지침들은 학생들이 AI를 수업의 목표와 학습 과정에 부합하는 방식으로 활용하도록 돕는다. AI를 통제의 대상으로 보기보다는 학습의 질을 높이는 도구로 적절하게 사용할 수 있도록 안내하는 것이 교수자의 중요한 교육적 책임이기도 하다(제6장 [더 알아보기] 참고).

4 교수자의 역할 변화: 학습과 평가 활동의 디자이너와 동기부여자

지금까지 대학교육에서 교수자는 주로 지식 제공자이자 평가자의 역할을 수행해 왔다. 이러한 역할은 앞으로도 유지될 것이지만, 미래의 교수자는 단순한 지식 전달자를 넘어, 학습 경험을 설계하는 **교육 디자이너**이자 학생의 성장을 돕는 **학습 안내자**로서 그 역할이 더욱 강조될 전망이다.

그동안 학생들의 학습을 촉진하고 평가하기 위해서 사용되었던 교수법과 평가 방식의 효용성이 점차 감소하고 있다. 예를 들어, 전통적으로 글쓰기 과제는 학생들에게 정보를 조사하고, 요약 · 통합하며, 비판적으로 검토하는 능력을 기르도록 하는 데 유용한 방법이었다. 하지만 거대언어모델의 등장 이후 이러한 작업의 상당 부분을 인공지능이 대신해 줄 수 있게 되면서, 글쓰기 과제의 교육적 효과가 감소하고 있다.

인공지능 시대를 맞아 학생들의 진정한 역량 변화를 유도할 수 있는 학습 및 평가 활동을 새롭게 설계하고 재구조화할 필요가 있다. 어떤 활동과 과제가 인공지능 도구의 범람에도 학습을 가장 효과적으로 촉진시킬 수 있는지는 아직 분명하지 않지만, 그러한 활동과 과제를 설계하는 데 가장 적임자는 오랫동안 학생들과 직접 상호작용하며 교육을 담당해 온 교수자들이다. 교수자들은 수업 현장에서 축적된 경험을 바탕으로 새로운 활동을 구상하고 실험하며 그 효과를 검증하는 교육 디자이너로서의 역할을 수행해야 한다.

대안적 학습 활동과 평가의 모습은 전공 분야(disciplinary domain)와 학습 단계에 따라 다양하게 나타날 것으로 기대된다. 일부 전공은 심화된 개념 이해가 중요하지만, 다른 전공은 창작이나 프로젝트 수행이 더 큰 비중을 차지한다. 개념 이해와 프로젝트 수행은 대립적인 것이 아니라 상호보완적인데, 개념 이해가 중요한 경우에도 개념을 실제 상황에 적용하고 활용하는 활동을 통해서 개념 이해가 더욱 깊어질 수 있다. 반대로 창작이나 문제해결이 중시되는 영역에서도 그 활동이 효과적으로 이루어지기 위해서는 기초 개념과 원리에 대한 이해가 반드시 뒷받침되어야 한다. 전공별 학습 설계는 이해와 활용, 기초와 창의적 적용 간의 균형을 어떻게 설정하느냐에 따라서 달라질 것이다.

교육 활동의 디자이너로서 교수자는 학생들이 습득해야 할 지식을 선별하고, 이를 수업의 목표에 맞게 맥락화하며, 학습 목표가 효과적으로 이루어질 수 있도록 다양한 활동을 설계하고 실시한다. 또한 교수자는 학습 목표에 부합하는 평가 대상과 방법을 결정하고, 학습 활동을 모니터링하여 적절한 피드백을 제공할 수 있도록 과정을 설계 · 운영한다. 이러한 활동은 강의, 과제, 팀 프로젝트 등 다양한 형태로 이루어지며, 인공지능 도구를 활용한 학습 지원 방식까지 포괄한다([그림 5-4] 참고).

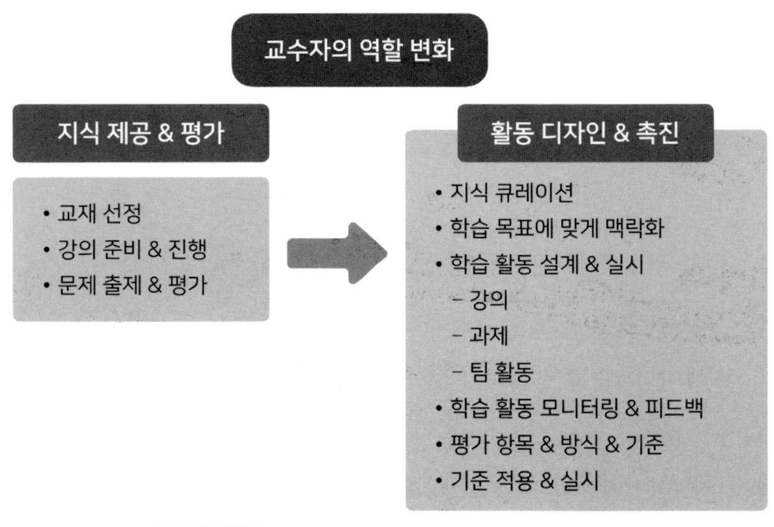

그림 5-4 **인공지능 시대 교수자의 역할 변화**

적절한 수업 및 활동과 평가 설계가 중요하지만 학습 성과는 궁극적으로 학습자의 노력과 동기에 의해서 좌우된다. 아무리 좋은 활동을 설계해도 학습자가 적극적으로 참여하지 않는다면 역량 향상은 기대할 수 없다.

수업 활동을 학습자의 역량 향상으로 효과적으로 연결시키기 위해서 **교수자가 안내자이자 촉진자로서의 역할을 수행하는 것**이 어느 때보다 중요해졌다. 교수자는 게이미피케이션(gamification) 등 다양한 교수 전략을 활용하여 학습자의 흥미를 유발하고 참여를 지속시켜야 한다. 또한 학습자의 욕구와 현 상태를 이해하여 이들이 도전적이지만 실현 가능한 목표를 설정할 수 있도록 도와야 한다. 교수자들이 이미 학생들의 참여를 촉진하고 격려하는 역할을 수행해 왔지만, 앞으로는 밀착된 상호작용을 통해서 학생들의 학습 동기를 강화하고 그들이 학습의 방향성을 스스로 설정하도록 돕는 역할이 한층 더 중요해질 것으로 기대된다.

동기는 모든 자율적인 행동 변화의 기본이다. 동기가 강한 학습자는 학습 과정에서 높은 집중력을 유지하고, 어려운 과제에 직면했을 때도 지속적으로 노력을 이어 간다. 이러한 동기는 단순히 성적 향상을 넘어, 비판적 사고 능력, 문제해결력 그리고 지속적 학습 태도를 형성하는 핵심 요인이 된다.

학습은 짧게는 몇 시간, 길게는 몇 달 혹은 몇 년에 걸친 지속적인 노력과 자기 관리를 요구한다. 그 과정에서 학습자는 성공뿐만 아니라 실패를 경험하게 되며, 이러한 과정을 극복하고 노력을 지속하는 과정에서 역량 향상이 이루어진다. 적절한 동기는 학생들이 학습 자체에서 의미를 찾으며, 자기 주도적으로 목표를 설정하고 결정을 내리는 기반이 된다. 특히 개인화된 학습과 자기 주도성이 중요한 미래의 교육 환경에서는 학습 동기가 학습 성공을 결정짓는 핵심 요인으로 작용할 것이다.

학습 동기의 중요성에도 불구하고 다양한 이유로 **학습해야 할 이유**

를 찾지 못하는 학생들이 증가하고 있다. 과거 세대가 생계 유지와 직업적 성공이라는 **외재적 동기**(extrinsic motivation)에 의해 학업적 성취를 추구했지만, 상대적으로 풍요로운 환경에서 자란 현재의 세대는 더 이상 생존을 위해서 동기화되지 않는다. 동시에 인터넷과 SNS(Social Networking Services)의 확산은 학습자들로 하여금 자신의 삶과 진로에 대해서 높은 기대 수준을 형성하도록 만들었다. 문제는 높은 기대 수준이나 목표 설정이 학습자들을 동기화시키기보다는 오히려 포기하게 만드는 역효과를 낳고 있다는 것이다. **기대-가치 이론**(expectancy-value theory)에 따르면 목표가 지나치게 높거나 달성 가능성이 낮다고 인식될 경우, 동기부여가 감소한다(Wigfield & Eccles, 2000).

초·중·고 교육과정 속에서 경험한 실패 경험으로 인하여 자기효능감이 낮아지는 것은 물론 도전적인 목표를 설정하는 것을 두려워하는 학습자들이 존재한다. 여기에 인공지능이라는 막강한 경쟁자의 등장은 학생들에게 새로운 형태의 무기력과 좌절감을 불러일으킬 수 있다. 학습에 대한 **내재적 동기**(intrinsic motivation)를 회복하고 유지하는 것은 미래 대학교육의 핵심 과제 중의 하나이다. 교수자는 학생들이 성취 가능한 목표를 설정하고 작은 성공 경험을 통해서 자기 효능감을 회복하도록 도와야 한다([그림 5-5] 참고).

AI의 등장은 대학교육의 전 과정(교수, 학습, 평가)을 근본적으로 재구성하도록 요구하고 있다. 지식 전달과 객관적 평가 중심의 기존 체계는 더 이상 충분하지 않으며, 학습자 중심의 설계와 맥락적 판단을 중시하는 새로운 교수 모델이 절실하다. AI 시대에는 교수

그림 5-5 인공지능 시대 동기부여자로서 교수자의 역할(AI 생성 이미지)

자의 역할 변화가 요구된다. 교수자는 새로운 학습 활동을 디자인하고 학습자의 학습 활동을 촉진하는 동기부여자로서의 역할을 수행해야 한다. 이 과정에서 AI는 교수자가 더 깊이 있는 학습 경험을 설계하고 학생들의 상태를 보다 더 정밀하게 파악하여 필요한 도움을 제공할 수 있도록 도와주는 교육 파트너가 되어야 한다. 이러한 과제는 어느 한 대학만의 과제가 아니다. 제6장에서는 이 흐름 속에서 다양한 세계 대학의 대응 전략과 실험 사례를 살펴보며, AI 시대 교육 혁신의 보편적 원리와 지역적 특수성이 어떻게 조화를 이루는지를 탐색한다.

더 알아보기

인공지능(AI) 활용 서약서(예시)

본인은 본 과제를 수행함에 있어 AI 도구 활용 여부를 아래와 같이 정직하게 기재하며, 최종 제출물에 대한 모든 책임은 본인에게 있음을 확인합니다.

[아래 두 항목 중 하나를 반드시 선택(체크)하고, 2번 항목 선택 시 내용을 쓰세요.]

[ ] 1. AI 미사용

본인은 본 과제를 준비하고 작성하는 전 과정에서 [챗지피티, 제미나이, 코파일럿 등] 일체의 AI 도구를 사용하지 않았습니다. 본 과제물은 전적으로 본인의 노력과 지식에 기반한 창작물임을 서약합니다.

[ ] 2. AI 사용

본인은 본 과제 준비 과정에서 아래와 같이 AI 도구를 활용하였으며, 도구의 사용 후 필요에 따라 내용을 직접 검토하고 편집하여 최종 제출물을 완성하였습니다.

- 사용한 AI 도구의 이름: [예: 챗지피티-4]
- 사용한 목적 및 범위: [예: 아이디어 구상, 참고 자료 검색, 문법 및 표현 교정]

[부정행위 관련 서약] 상기 서약 내용(AI 사용 또는 미사용 여부 및 사용 범위)을 허위로 기재하여 제출하는 행위는 명백한 학업 부정행위로 간주되며, 이로 인해 발생하는 모든 학문적 · 행정적 불이익을 감수할 것을 확인합니다.

날짜:

학번:

학과:

성명: (서명)

AI 앞에 선 대학들: 실험과 도전

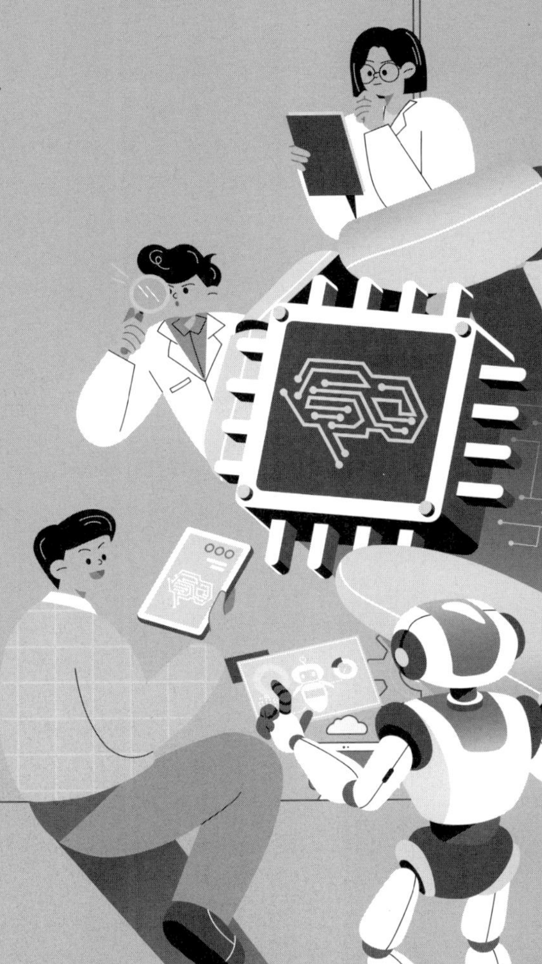

제6장

세계 대학 사례 엿보기

컴퓨터 과학의 아버지이자 인공지능의 미래를 예견한 앨런 튜링(Alan Turing)은 20세기 말이 되면 인간과 기계를 구분하기 어려운 대화가 가능해질 것이라고 예측했다. 그의 예측은 시기적으로는 빗나갔지만, 21세기 초반 우리는 그의 상상을 뛰어넘는 지적 능력을 갖춘 인공지능의 등장을 목도하고 있다. 튜링이 학문적 여정을 보냈던 프린스턴대학교의 교정에서, 만약 그가 인류에게 핵 개발과 맞먹는 파급력을 지닐 AI의 등장을 아인슈타인(Einstein)과 오펜하이머(Oppenheimer)에게 설명했다면 어땠을까? 핵무기 개발을 반대했던 평화주의자 아인슈타인과 맨해튼 프로젝트를 이끌었던 오펜하이머는 과연 어떤 반응을 보였을까?

이 가상의 질문은 오늘날 대학이 마주한 현실과 놀랍도록 닮아 있다. 이전 장에서 살펴보았듯이, AI는 학생들의 학습 효율성을 높이는 강력한 도구이지만, 동시에 비판적 사고 능력을 저해하고 학문적 진실

그림 6-1 아인슈타인과 오펜하이머에게 AI를 설명하는 튜링(AI 생성 이미지)

성을 위협하는 '판도라의 상자'가 될 수도 있다. 최근 OpenAI의 CEO 샘 알트먼(Sam Altman)이 AI의 잠재적 위험성을 핵무기에 비유한 것은 이러한 딜레마를 상징적으로 보여 준다. AI라는 거대한 파도 앞에서 대학들은 저마다 다른 선택의 기로에 서 있다. 어떤 대학은 AI를 교육 혁신의 기회로 보고 적극적으로 수용하는 길을 택하고, 어떤 대학은 그 위험성을 경계하며 신중하게 실험하거나, 혹은 학문적 순수성(academic purity)을 지키기 위해 경계와 저항의 태도를 취하기도 한다.

이번 장에서는 이처럼 세 갈래의 길 위에서 고군분투하는 세계 대학들의 구체적인 사례를 살펴보고자 한다. 이는 단순히 성공과 실패의 사례를 나열하는 것을 넘어, 각 대학이 처한 문화적 · 제도적 맥락 속에서 어떤 고민과 철학을 바탕으로 자신들의 길을 만들어 가고 있는지를 입체적으로 조망하는 여정이 될 것이다. 튜링의 질문에 아인슈타인과 오펜하이머가 각기 다른 답을 내놓았을 것처럼, AI 시대를 헤쳐 나가는 대학들의 여정 또한 하나의 정답만으로는 설명될 수 없다. 이제 그 다채롭고 치열한 실험의 현장으로 들어가 보자.

1 대학들의 세 갈래 전략

인공지능의 등장으로 대학사회는 어떠한 형식으로든 대응을 해야 하는 기로에 섰다. AI 시대에 대학이 어떤 대응 전략을 택하느냐는 단순히 기술을 받아들이는가 여부의 문제가 아니라, 교육의 본질을 어디에 두고 어떻게 설계할 것인가라는 근본적 물음과 직결된다. 하지만 이 질문에 대한 답은 보편적일 수 없다. 각 대학이 속한 **문화적 · 제도적 배경**에 따라 인공지능을 바라보는 관점과 정책적 선택이 크게 달라지기 때문이다. 따라서 단편적인 수용 여부보다 중요한 것은, **각 대학이 자신들의 철학과 현실을 토대로 설계 역량과 실행 책임성을 갖춘 고유한 전략**을 구축할 수 있는지에 있다.

미국의 대학들은 그 문화적 토양에서부터 다른 출발점을 가진다. '자율성과 경쟁'이라는 두 축은 오랫동안 미국 고등교육을 움직여 온 원동력이었다. 이 환경 속에서 미국 대학들은 AI를 비교적 빠르게 수용하는 경향을 보이고 있다. 연구 활동이 매우 활발하여 R1(Research 1)으로 분류되는 연구 중심 대학을 대상으로 한 최근 분석에 따르면, 약 63%의 대학이 공식 문서에서 생성형 AI 활용을 긍정적으로 언급하고 있으며, 약 41%는 강의계획서나 교수 가이드라인 차원에서 AI 활용 방안을 구체적으로 제시한다(McDonald et al., 2025). 다만, 실제 수업에서의 적용 여부는 여전히 교수 개인의 재량에 달려 있다.

이러한 모습은 미국 대학이 가진 문화적 특징을 잘 드러낸다. 한편으로는 교수 개개인의 자율성을 최대한 보장하지만, 다른 한편으로는 대학 간의 치열한 경쟁 속에서 새로운 기술을 빨리 도입해 우위를 점하려는 것이다. 이는 분명 혁신 속도를 높이는 장점으로 작동한다. 최근 대학들 사이에서는 **AI 기반 튜터나 자동채점 시스템과 같은 신기술을 활용하려는 시도**가 이어지고 있으며, 이를 통해 '새로운 시대를 선도하는 대학'이라는 이미지를 구축하려는 경향도 나타난다. 학생들 역시 이 과정에서 'AI와 함께 배우는 경험'을 자연스럽게 쌓아 가며, 노동시장에서도 경쟁력을 높일 수 있다고 믿는다. 그러나 동시에 표절 판정의 일관성 부족, 저작권 문제, 평가 기준 불명확성 같은 책임성의 공백을 낳는 한계도 분명하다.

반면, 유럽의 대학들은 미국과는 사뭇 다른 길을 걷고 있다. 유럽은 AI 도입 과정에서 무엇보다 **규제와 책임**을 우선시한다. 그 배경에는 2018년 시행된 「일반개인정보보호법(General Data Protection Regulation: GDPR)」과 최근 「유럽연합인공지능법(EU AI Act)」이 자리한다. GDPR은 **데이터 최소화, 목적 제한, 자동화 의사결정에 대한 이의제기권** 등의 핵심 원칙을 통해 새로운 기술이 개인정보 보호와 책임성의 기준을 충족하도록 강제한다.

사르토르와 라조이아(Sartor & Lagioia, 2020)는 GDPR이 AI 시스템의 설계와 운영에 직접적인 영향을 미칠 수 있는 요건과 제약을 부과한다는 점을 지적한다. 실제로 유럽개인정보보호이사회(EDPB)가 2024년에 발표한 권고안(Opinion 28/2024)은 데이터 최소화, 합법적 근거 사용, 익명화 같은 구체적 지침을 제시하며, 이는 대학교육 현장에서도 무시할 수 없는 기준이 된다.

이런 맥락에서 유럽의 대학들은 AI를 혁신의 자원으로 적극 실험하기보다는, **법적 규율에 부합하는 선에서 제한적이고 신중하게 도입하는 경향**을 보인다. 즉, 기술 그 자체의 가능성보다도 "어떻게 통제할 것인가?", "책임은 누가 질 것인가?"가 우선되는 것이다. 물론 모든 유럽 대학이 똑같은 태도를 취하는 것은 아니다. 일부 기관에서는 실험적 활용을 시도하지만, 전반적인 분위기는 규제 친화적이고 조심스러운 접근이 주류를 이루고 있다.

중국은 또 다른 모습을 보여 준다. 이 나라에서는 인공지능의 도입이 개별 대학의 자율적 선택이라기보다는 **국가 전략의 일부**로 추진된다(Zhang, 2025). 중앙 정부가 교육과 기술 정책을 강하게 주도하는 체제적 특성 때문에, 대학들은 정부 지침에 따라 신속하게 AI 기반 학습 플랫폼을 도입하고 있으며, 그 과정은 철저하게 관리된다.

이런 맥락에서 중국 대학의 AI 활용은 미국이나 유럽과는 뚜렷이 구분된다. 미국이 교수와 대학의 자율적 실험을 강조하고, 유럽이 규제와 책임의 원칙을 앞세운다면, 중국은 **국가가 주도하여 광범위하게 확산시키는 방식**을 택한다. 이는 단기간에 전국적 수준의 변화를 가능하게 하지만, 동시에 각 대학의 개별적 실험이나 다양성을 제한할 수 있다는 양면성을 지닌다.

결국 중국의 사례는 AI 도입이 단순히 교육기관의 선택 문제가 아니라, **정치적 · 제도적 맥락 속에서 국가가 어떤 비전을 제시하고 얼마나 강하게 주도하는가**에 따라 달라질 수 있음을 보여 준다.

미국은 자율성과 시장경쟁을, 유럽은 규제와 책임을, 중국은 국가주도형 관리를 강조한다. 이러한 차이는 각 지역 대학의 AI 전략을 결정짓는 중요한 배경이 된다. 같은 AI 기술을 두고도 미국에서는 빠른 실험과 교수 재량으로, 유럽에서는 제도적 규율과 제한으로, 중국에서는 국가 정책에 따른 전면적 확산으로 나타나고 있다. 즉, 국가, 문화적인 배경이 대학의 AI 전략을 결정짓는 핵심 배경이 되고 있다.

다만 여기서 주의할 점이 있다. 문화적 · 제도적 맥락과 세 가지 전략 유형은 서로 다른 차원의 분류 체계라는 것이다. 문화권은 대학이 처한 제도적 환경을 설명하는 배경이고, 세 가지 전략은 대학이 실제로 선택한 대응 방식을 설명하는 틀이다. 따라서 '미국은 적극 수용, 유럽은 신중한 실험'처럼 단순히 1:1로 대응하는 것이 아니다. 실제로는 같은 문화권 안에서도 적극 수용 대학과 신중한 실험 대학이 공존하며, 규제가 강한 유럽에서도 제한적 실험을 시도하는 사례가 존재한다.

이러한 점을 감안하면서 대학들의 전략을 세 가지 큰 갈래로 분류할 수 있다. 첫째, **적극적 수용 유형**은 AI를 교육 전반에 통합하며 혁신의 기회로 삼는 대학들이다. 둘째, **신중한 실험 유형**은 가능성과 위험을 동시에 인식하며 제한된 범위에서 점진적으로 도입하는 대학들이다. 셋째, **경계와 저항 유형**은 학문적 진실성의 훼손을 우려하며 규율과 금지를 앞세우는 대학들이다.

실제 대학의 대응은 이 세 가지로 명확히 구분되기보다 각 문화권과 제도적 배경 속에서 유동적으로 교차하며 나타난다. 미국 안에서도 어떤 대학은 적극 수용에 가깝고, 또 다른 대학은 신중한 실험에 머무른다. 유럽의 경우 전반적으로 규제가 강하지만, 일부 대

학은 비교적 실험적인 도입을 시도한다. 중국은 국가의 지침 아래 적극 수용이 지배적이지만, 그 안에서도 지역이나 기관의 차이에 따라 세부 운영 방식이 달라진다.

중요한 것은, AI 대응 전략을 단순히 '도입한다/거부한다'라는 이분법으로 바라보는 것이 아니라, **각 대학이 어떤 문화적 맥락에서 어떤 선택을 했고, 그 결과 어떤 의도치 않은 긴장과 효과가 나타났는가**를 살펴보는 일이다. 그래야만 각 유형을 실제 사례와 연결지어 분석할 수 있으며, 다음 절에서 살펴볼 대학별 대응 전략도 단순한 성공 · 실패의 구도가 아닌, 맥락 속 선택의 결과로 이해할 수 있다.

중국의 대학들은 인공지능을 단순한 교육 도구가 아니라, 국가 전략의 일부로 본다. 개별 교수나 대학이 자율적으로 도입 여부를 결정하는 미국식 모델이나, 규제의 틀 안에서 신중히 실험하는 유럽식 모델과는 다른 풍경이다. 중앙 정부는 '교육 현대화'를 국가적 목표로 제시하고, 대학들은 그 지침을 실행하는 주요 무대가 된다.

실제로 최근 몇 년 사이, 중국 대학들은 생성형 AI 기반 학습 플랫폼, 지능형 교실, 자동화된 평가 시스템을 빠르게 확산시켜 왔다. 이 과정은 국가 차원의 연구 프로젝트와 교육부 지침에 따라 움직이며, 개별 교수의 실험이 아니라 정책 목표를 달성하기 위한 체계적 실행에 가깝다.

이러한 양상은 중국 대학을 '적극적 수용형(active adopter)'으로 분류할 수 있게 해 주지만, 동시에 그 내부에서는 '국가 주도형 적극 수용(state-led active adoption)'이라는 독자적 하위 유형이 형성되고 있다. 즉, 서구의 대학들이 자율성과 창의적 실험을 바탕으로 AI를 받아들였다면, 중국은 중앙의 기획 아래 빠른 속도로 기술을 확산시키는 체제적 수용 방식을 택하고 있는 것이다. 혁신의 속도는 빠르지만, 그 방향과 범위는 어디까지나 정부의 관리와 통제 안에서 결정된다는 점이 이 유형의 핵심적 특징이다.

하지만 실제 대학 현장에서의 AI 대응은 이론적 분류보다 훨씬 복잡하다. AI를 빠르게 도입한 대학들조차도 예상치 못한 문제에 직면하고 있다. 예를 들어, AI 튜터가 **학습 맥락에 맞지 않거나 불완전한 정보를 제시해 학습자가 혼란을 겪는 사례**가 보고되고 있으며(Kestin et al., 2025; Hou et al., 2024), 또한 AI의 편리함에 익숙해진 학생들이 점차 **자율적 사고와 탐구 역량을 잃어 가는 현상**도 나타나고 있다(Zhai et al., 2024). 이러한 문제들은 단순히 기술의 한계에서 비롯된 오류가 아니라, **AI 시스템의 작동 방식과 교육 설계, 평가 구조 간의 조율이 충분히 이루어지지 않은 데서 발생하는 구조적 문제**로 이해할 필요가 있다.

한편, AI 사용을 엄격히 금지한 대학에서는 학생들이 몰래 AI 도구를 활용하는 **그림자 AI(Shadow AI)** 현상이 보고되며, 이로 인해 학문적 진실성 및 윤리의 복잡한 문제들이 새롭게 제기되고 있다. 예컨대, AI 기반 부정행위는 기존의 부정행위와는 다른 형태 및 은폐 방식을 띠며, 금지 조치만으로는 이를 완전히 통제하기 어렵다(Birks & Clare, 2023; Lund et al., 2024). 이는 AI 도입 여부를 이분법적으로 결정하는 방식이 실효성이 없으며, 실제 교육 현장에서는 기술 활용의 방식과 범위를 투명하고 유연하게 설계하는 것이 더 중요함을 시사한다. 따라서 중요한 것은 특정 유형을 이상적 모델로 제시하는 것이 아니라, 각 대학이 어떤 철학과 제도적 맥락 속에

서 전략을 선택했는지, 그리고 그 전략이 어떤 의도치 않은 결과를 낳았는지를 이해하는 일이다.

1) 적극적 수용 유형 대학 사례

미국 애리조나 주립대학교(ASU)는 2024년 1월, OpenAI와 파트너십을 체결하면서 고등교육 기관 중 최초로 생성형 AI 통합을 선언했다. 이 대학의 접근은 단순한 기술 수용이 아닌, **원칙 있는 혁신(principled innovation)**이라는 교육 철학 프레임워크에 기반을 두고 있다(ASU, n.d.). ASU는 AI 기술을 교수학습, 행정, 연구, 학생 지원에 이르기까지 전방위적으로 통합하는 전략을 수립했으며, 이를 여섯 개의 핵심 영역으로 구체화했다. 교수학습 혁신, 연구 가속화, 운영 효율성, 학생 서비스 개선, 윤리적 AI 개발, 글로벌 AI 리더십 등이다. 특히 'AI 혁신 공모전(AI Innovation Challenge)'을 통해 교수진과 직원들이 AI 활용 아이디어를 제출하고 선정된 프로젝트에 예산과 기술을 지원함으로써, 현장의 자율성과 창의성을 유도했다(Pirehpour, 2023). 이는 하향식 기술 도입이 아닌, 구성원의 상향식 실험을 제도화한 전략으로 해석된다.

그러나 ASU의 접근에는 분명한 한계도 드러난다. 글쓰기 수업 현장에서 학생들은 AI 도구를 활용해 문장 구성이나 아이디어 정리에 도움을 받았지만, 동시에 학문적 진실성과 남용 가능성에 대한 우려도 제기되었다(Pirehpour, 2023). 일부 교수진은 OpenAI와의 파트너십 이후 AI 도구가 비판적 사고와 독립적 탐구를 약화시킬 수 있다는 점을 지적하며, 학문적 진실성의 저하가 가장 큰 위험 요소임을 강조하였다(Inside Higher Ed, 2024; Al-Maroof & Salloum, 2024).

캘리포니아대학교 어바인(UC 어바인)은 형평성과 접근성에 방점을 둔 접근을 택했다. 상용 AI 도구의 유료 구독 모델이 경제적 여건에 따라 학생 간 학습 기회의 격차를 만들 수 있다는 우려에서, 이 대학은 자체 생성형 AI 플랫폼을 개발해 2024년부터 전면 배포하기 시작했다(Irvine Standard, 2024). 이 플랫폼은 모든 학생과 교직원에게 무료로 제공되며, 특히 교육 목적에 특화된 설계가 중심이다. 예를 들어, 교수자는 자신이 맡은 강의의 강의 자료나 과제, 강의 계획서를 플랫폼에 업로드할 수 있고, AI 챗봇은 해당 강의 맥락에서만 답변을 생성하도록 제한되어 있다. 또한 외부 지식을 무차별 참조하지 못하게 설계함으로써 학생 질문이 수업 내용 중심에서 벗어나지 않게 한다.

이런 설계는 단순히 범용 AI 시스템을 도입하는 것과는 달리, 교육적 맥락과 학습 목표를 반영한 상업 플랫폼의 대안적 모델을 지향함을 보여 준다. 또한 다학제 협업, 토의형 학습 지원, 맥락 기반 피드백 기능을 통합함으로써 수업 중심의 상호작용을 강화하려는 목적도 갖는다. 다만, 자체 개발 AI의 기술적 한계와 유지 비용은 무시할 수 없는 부담으로 작용하고 있다. 상용 모델에 비해 성능이 떨어진다는 사용자 불만, 개발 인력 및 예산 확보 문제는 지속적인 과제로 남아 있다.

캘리포니아대학교 로스앤젤레스(UCLA)는 2024년 9월 OpenAI와 포괄적 협약을 맺고, 학술, 행정, 연구 등 대학의 전 기능에 AI를 통

합하는 전면적 전략을 시도했다(UCLA Newsroom, 2025). 초기에는 연구 생산성 증대, 행정 업무 간소화 등의 긍정적 지표가 나타났지만, 대학 전체에 빠른 속도로 AI를 확산하는 과정에서 부서별 준비도와 실행 역량의 차이가 드러났다. 일부 부서는 효과적으로 활용한 반면, 다른 부서는 충분한 교육과 지원 없이 도입이 이루어져 혼란을 겪었다. 이는 기술 도입의 속도보다 중요한 것이 실행 능력의 균형과 부서 간 조율이라는 점을 시사한다.

종합하면, 미국 대학들의 적극적 수용 사례는 공통적으로 AI를 교육과 연구 혁신의 동력으로 삼으려는 의지를 보여 준다. 동시에 각 대학은 고유한 전략적 우선순위에 따라 차별화된 접근을 취했다. ASU는 혁신 공모전을 통한 구성원의 자발적 참여를 유도했고, UC 어바인은 형평성 확보를 위해 자체 플랫폼 구축이라는 독자적 경로를 선택했으며, UCLA는 OpenAI와의 포괄적 협약을 통해 대학 전체의 통합적 전환을 시도했다.

그러나 이러한 혁신적 시도들은 각각 고유한 한계에 직면했다. ASU는 학문적 진실성 우려, UC 어바인은 기술 성능과 유지 비용 문제, UCLA는 급속한 확산에 따른 실행 역량의 불균형이라는 과제를 안고 있다. 이는 AI 전략이 단순히 기술 도입 여부를 넘어, 어떤 가치를 우선시하고 어떤 방식으로 실행하는가에 따라 성패가 갈리며, 결국 속도와 안정성, 혁신과 윤리 사이의 균형을 지속적으로 모색해야 함을 시사한다.

2) 신중한 실험 유형 대학 사례

하버드대학교는 2023년 발표한 AI 가이드라인에서 “AI는 학문적 진실성과 지적 독립성을 침해해서는 안 된다”고 명시하며, AI 활용 시 기밀 데이터 보호, 투명성, 제한적 사용을 핵심 원칙으로 삼았다(Harvard University Office of the Provost, n.d.). 하버드대학교의 지침은 기술 도입과 학문 문화 사이의 균형, 즉 새로운 기술의 효율성과 혁신성을 받아들이면서도, 대학이 오랫동안 지켜 온 지적 정직성 · 비판적 사고 · 탐구의 자율성 같은 학문 공동체의 기본 가치를 훼손하지 않으려는 노력으로 해석될 수 있다. 다시 말해 AI의 교육적 잠재력을 완전히 배제하지 않으면서도, 그로 인한 윤리적 위험을 제도적으로 통제하려는 ‘중도적 접근’이다.

그러나 일부 교육자들은 여전히 AI가 학생의 독립적 사고와 비판적 탐구 능력을 약화시킬 수 있다고 우려한다. 이러한 문제의식 속에서 하버드대학교는 일선 학과들에게 일정 수준의 자율성을 허용하되, 이러한 운영은 중앙의 전체 AI 가이드라인 범위 안에서 이루어지도록 설계하였다. 예컨대, 하버드대학교 문과대학(Faculty of Arts and Sciences: FAS)의 생성형 AI 가이드라인(Generative AI Guidance)은 교수들이 각 수업의 성격에 따라 AI 활용 방침을 정할 수 있도록 여러 정책 예시를 제시하고 있으며, 그중에는 챗지피티 등 생성형 AI 도구의 사용을 과제 전 과정에서 금지하는 선택지도 포함되어 있다. 이는 모든 수업에서 AI를 전면적으로 금지한다는 의미가 아니라, 교수별로 정책을 명확히 설정하도록 함으로써

교육 현장의 일관성을 확보하려는 시도로 해석된다(Harvard College Office of Undergraduate Education, n.d., The Harvard Crimson, 2023). 아울러 하버드대학교는 AI 교수법 프로젝트(AI Pedagogy Project)와 같은 프로그램을 통해 학생들에게 AI의 작동 원리, 윤리 쟁점, 비판적 활용 능력 등을 교육하는 체계적 리터러시 교육을 강화하고 있다(metaLAB at Harvard, 2023).

이와 같은 신중한 접근은 긍정적 의의에도 불구하고 여전히 여러 한계를 안고 있다. 첫째, 다학제적 프로젝트를 수행할 때 학과별 정책이 상이하면 적용 기준이 모호해져 학생과 교수 모두 정책적 혼란을 겪게 된다. 둘째, AI 가이드라인이 단순히 '사용하지 말라'는 지침 전달에 머물고 기술의 작동 원리와 비판적 활용 능력을 심화시키는 방향으로 나아가지 못할 경우, 공식적으로는 금지하지만 실제로는 학생들이 몰래 AI를 사용하는 모순된 상황, 즉 규범과 현실이 괴리된 이중적 구조가 고착될 수 있다. 셋째, 과도하게 엄격한 제한은 학생들의 창의적 실험이나 주도적 활용을 위축시켜 장기적으로 AI 활용 역량을 저해할 수 있으며, 이는 기술 중심으로 전환되는 교육 환경에서 중요한 장애 요인으로 작용할 수 있다.

스탠퍼드대학교는 2024년 AI 자문위원회(AI at Stanford Advisory Committee)를 꾸려, 기술 혁신을 적극적으로 받아들이면서도 책임 있는 사용 원칙을 지키려는 균형점을 모색했다(Altman et al., 2025). 위원회 보고서는 학생들에게 AI를 실험할 자유를 주되, 과제나 시험에서는 사용을 금지하거나 반드시 공개하도록 하는 등 기본 규칙을 세웠다. 또 하나 특징적인 점은, 강의를 맡은 교수가 자신의 수업에서 AI를 어디까지 허용할지를 직접 정할 수 있도록 한 것이다. 이를 위해 스탠퍼드대학교는 강의계획서에 활용할 수 있는 예시 문구까지 제공해, 교수들이 필요에 맞게 선택하거나 변형할 수 있게 했다(Stanford Teaching Commons, n.d.; Stanford Office of Community Standards, 2023).

이러한 유연한 구조는 긍정적 평가를 받았지만, 동시에 수업마다 규정이 달라지다 보니 학생과 교직원 모두에게 혼란을 줄 수 있고, 지나치게 세분화된 규칙은 행정적 부담을 키우기도 한다. 윤리 교육 역시 제도적으로는 마련되어 있지만, 실제 학습 현장에서 행동으로 이어지지 않으면 보여 주기식에 머무를 위험이 있다. 결국 스탠퍼드대학교의 시도는 자율성과 일관성, 혁신과 책임 사이의 균형을 어떻게 잡을 것인가라는 오래된 과제를 다시 떠올리게 한다.

매사추세츠 공과대학교(MIT)는 생성형 AI 도구의 학생 및 연구 활용과 관련하여 '기밀 정보 보호, 학문적 정직성 유지, 사용 시 투명성 확보'를 핵심 원칙으로 제시하고 있다(MIT Information Systems & Technology [IS&T], 2024). 예컨대, MIT의 정보시스템기술부(Information Systems and Technology: IS&T)는 AI 사용을 고려할 때 정보 보안, 데이터 프라이버시, 규정 준수, 저작권 및 학문적 진실성 등을 검토해야 한다고 명시한다(MIT IS&T, 2024). MIT 슬론 경영대학원의 교육과 학습 기술(Teaching and Learning Technology) 조직은 정책과 윤리(Policy & Ethics) 페이지에서 AI 도구 사용에 있어 투명성, 데이터 프라이버시, 모범적 활용 관행 등을 강조하며, 교수자들이 각 강의 상황에 맞춰 AI 정책을 설계하도록 권장한다(MIT

Management, n.d.). 그러나 이렇게 간결한 원칙 중심 접근은 복잡한 실제 사례 대응에는 한계를 지닐 수 있다. 예를 들어, 팀 과제에서 AI를 사용할 때 상황별 판단 기준이 모호해지고, 책임 소재가 교수 개인에게 과도하게 귀속될 가능성이 있으며, 빠르게 진화하는 AI 기술 변화 속에서 고정된 원칙이 현실과 괴리될 위험도 존재한다.

영국 옥스퍼드대학교는 전통과 규율을 중시하는 대학답게, AI 사용에도 신중한 태도를 유지해 왔다. 학생들이 과제나 시험에서 AI를 무단으로 사용하면 표절로 간주하고, 설령 허용된 경우라 하더라도 반드시 출처를 명시하고 투명하게 공개하도록 하고 있다. 이는 학문적 진실성을 지키기 위한 강력한 규제이자, 책임 있는 학습 문화를 강조하는 방식이다.

흥미로운 점은, 옥스퍼드대학교가 이러한 보수적 전통을 지키면서도 영국에서 가장 먼저 챗지피티 Edu를 도입한 대학이라는 사실이다(University of Oxford, n.d.). **챗지피티 Edu**는 대학과 교육기관을 위해 특별히 설계된 버전으로, **지피티-4o 모델**을 기반으로 작동한다. 일반 버전에 비해 한층 강력한 인공지능 기능과 높은 사용 한도를 제공하며, **기업 수준의 보안과 개인정보 보호 체계**를 갖추고 있어 연구와 교육 현장에서 보다 안전하게 활용할 수 있다. 옥스퍼드대학교는 인공지능을 무조건 배척하기보다, **제도적 안전장치를 마련한 뒤 실험적으로 교실에 도입하는 길**을 택했다. 다시 말해 'AI를 쓰되, 규칙 속에서 쓴다'는 원칙이 그들의 접근 방식에 담겨 있는 것이다.

이처럼 하버드대학교, 스탠퍼드대학교, MIT, 옥스퍼드대학교 등은 신중한 실험형 접근을 추구하지만, 각 대학 정책의 비판적 분석은 단순한 금지 또는 허용이라는 이분법적 결정이 아닌 정책의 일관성, 운영 복잡성, 윤리 교육의 실효성, 가치 기반 설계의 부재 가능성에 대한 논의가 필요함을 보여 준다.

3) 경계와 저항 유형 대학 사례

앞서 본 '신중한 실험 유형' 대학들이 AI의 가능성을 조심스럽게 시험해 본다면, 이번에 살펴볼 '경계와 저항 유형' 대학들은 출발점부터 다르다. 이들은 AI를 기본적으로 **위험 요소**로 간주하고, 교육 현장에 도입하기보다는 **규율과 통제**를 앞세운다.

대표적인 예가 브라운대학교이다. 브라운대학교는 '인공지능 정책 하계 학교(AI Policy Summer School)'를 열어 학생들에게 기술의 잠재력 못지않게 윤리와 책임 문제를 집중적으로 가르쳐 왔다. 이곳에서 강조되는 것은 **"AI를 어떻게 잘 활용할 수 있는가?"**가 아니라, **"AI를 사용할 때 반드시 지켜야 할 규칙과 책임은 무엇인가?"**이다. 실제로 교과 과정에서도 이러한 원칙이 분명히 반영되어 있다. 일부 컴퓨터과학이나 데이터과학 수업에서는 AI 조교나 특정 도구가 제한적으로 허용되지만, 과제나 시험에서 AI가 대신 작성한 결과물을 제출하는 것은 **명백한 학문적 부정행위**로 규정된다. 학생들은 과제를 내기 전, 어떤 상황에서 AI를 쓸 수 있고 어디서부터는 금지되는지를 세부 지침으로 안내받는다. 이는 AI를 단순한 보조도구가 아니라 '부정행위의 새로운 형태'로 보는 관점에 가깝다. 다시 말해, AI는 브라운대학교의 교실에서 '몰래 쓰는 도구'가 아니라, 엄격한 규칙

속에서 제한적으로만 허용되는 '관리된 자원'인 셈이다.

프린스턴대학교도 생성형 AI 사용에 대해 보수적인 입장을 유지하고 있으며, 이는 '학문적 순수성'을 핵심 가치로 삼는 전통과 연결된다. 대학의 학칙에는 학생들이 제출하는 과제가 반드시 독창적이어야 하며, 허가되지 않은 경우 AI 출력물을 사용하는 것은 학문적 부정행위에 해당한다고 규정한다(Princeton University, 2023). 또한 프린스턴대학교의 맥그로 교수학습센터(McGraw Center)는 교수자가 자신의 과목에서 AI 사용을 허용할지 여부를 직접 결정할 수 있도록 안내하고 있다(Princeton McGraw Center, 2023). 더불어 학부대학장은 별도의 지침을 통해 AI 사용이 허용된 경우에는 반드시 출처를 명시해야 하며, 이를 어길 경우 징계 대상이 될 수 있음을 분명히 했다(Office of the Dean of the College, 2023). 이처럼 프린스턴대학교의 접근은 원칙적으로는 엄격한 제한을 유지하되, 일부 교수 재량을 허용하는 방식으로 운영되고 있다.

미국 켄트 주립대학교는 2024년에 **부정행위 · 표절 규정 자체를 개정**해 '생성형 AI'라는 항목을 새롭게 포함시켰다. 이제 이 학교에서 부정행위란 단순히 남의 답안을 베끼는 것이 아니라, 교수자가 허용하지 않은 AI 결과물을 과제나 시험에 제출하는 것까지 포함된다. 심지어 표절의 정의도 바뀌어, '다른 사람의 글이나 생각뿐 아니라 AI가 생성한 결과물을 자신의 것처럼 제출하는 행위'가 공식적으로 표절에 해당한다.

이 규정을 어떻게 적용할지는 결국 각 수업을 맡은 교수의 몫이다. 어떤 교수는 과제에서 제한적으로 활용을 허용할 수도 있고, 또 어떤 교수는 원천적으로 금지할 수도 있다. 중요한 것은 **학생들이 '어디까지 허용되는가?'를 반드시 투명하게 안내받아야 한다**는 점이다. 이 사례는 AI가 바꿔 놓은 현실 속에서도 대학이 여전히 '배움의 의미'를 지키기 위해 규칙을 다시 세우고 있음을 보여 준다. 단순히 기술을 두려워해서가 아니라, "무엇이 진짜 학생의 성취인가?"라는 교육의 근본 문제를 지키려는 노력이라고 할 수 있다.

이처럼 '경계 · 저항 유형' 대학들은 AI를 기본적으로 **학문적 진실성을 위협하는 잠재적 부정행위의 원인**으로 본다. 강력한 규제와 명문화된 금지 조치는 순수한 학문적 성취를 지키려는 진지한 노력이라고 할 수 있다. 그러나 이러한 강경한 금지 조치는 역설적으로 또 다른 문제를 불러온다. 현실 속에서는 학생들이 몰래 AI를 활용하는 '그림자 사용' 현상이 나타나기도 하고, 국제적으로 요구되는 AI 리터러시와 활용 역량에서 뒤처질 수 있다는 우려도 제기된다. 강

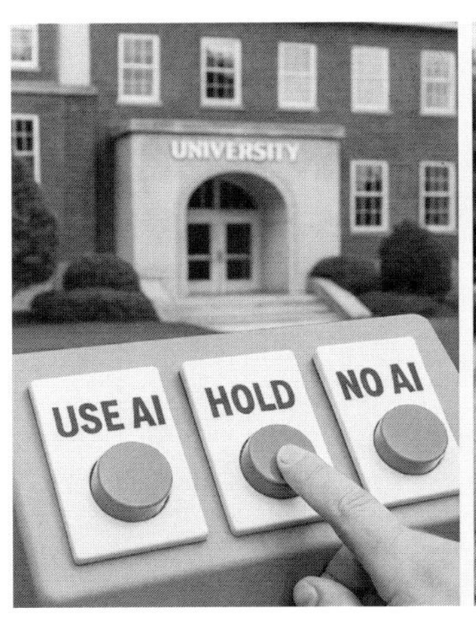

그림 6-2 대학의 세 가지 선택과 고민(AI 생성 이미지)

력한 금지와 국제적 흐름 사이에서 어떤 균형을 찾아야 할지는 여전히 풀리지 않은 과제이다.

2 실험하는 교실: 하버드대학교의 사례

앞 절에서는 AI를 마주한 세계 대학들이 취한 대응 전략의 유형을 살펴보았다. 그러나 AI를 금지하지 않는 대학의 경우에도 정책만으로는 대학교육의 변화를 온전히 설명하기 어렵다. 실제 변화를 가장 먼저 체감하는 곳은 다름 아닌 강의실이다. 교수와 학생이 함께 학습을 이어 가는 교실 안에서 AI는 때로는 철저히 금지되기도 하고, 때로는 튜터처럼 학생 곁에 앉아 도움을 주기도 한다.

이번 절에서는 세 가지 대응 유형 가운데 특히 **AI를 적극적으로 수용한 교실의 사례**에 주목하고자 한다. 이 사례를 통해서 우리는 정책 문서만으로는 드러나지 않는, AI가 실제 학습 경험을 어떻게 바꾸고 있는지를 보다 구체적으로 확인해 보려고 한다.

1) 하버드대학교의 CS50 Duck

생성형 AI 도구 활용을 금지하거나 제약하는 대학들이 많은 가운데, 하버드대학교는 이를 교육 자원으로 활용하는 실험적 접근을 취해 왔다. 그 중심에는 하버드대학교의 대표적인 컴퓨터 과학 입문 강좌인 〈CS50(Computer Science 50)〉 수업이 있다. 이 수업은 매

학기 약 800여 명의 학생이 수강하는 대규모 강의로, 교육적 효과성과 운영 효율성 사이에서 지속적인 도전과 실험을 하고 있다.

데이비드 말란(David J. Malan) 교수진과 팀은 이 수업을 위해 CS50 Duck(https://CS50.ai)이라 불리는 AI 조교 시스템을 개발하였다. 이 시스템은 OpenAI 기반 언어 모델을 활용해 학생들의 코드 이해를 돕고, 오류 해결 방향에 대한 힌트를 제공한다(Liu et al., 2024). 흥미롭게도, 이 시스템의 이름은 프로그래밍 세계에서 널리 알려진 '고무 오리 디버깅(rubber-duck debugging)' 기법에서 착안되었다. 개발자들이 고무 오리에게 코드를 설명하며 스스로 오류를 찾는 그 방식을 본떠, CS50 Duck은 학생이 자신의 코드를 질문하거나 설명하면 **직접 답을 주기보다는 스스로 오류를 발견하도록 유도하는 가상 고무 오리 역할**을 한다. 처음에는 여름 학기 70명의 학생을 대상으로 파일럿 형태로 운영되었으며, 이후 하버드대학교 및 예일대학교의 정규 학기로 확산되었다.

실제 설문 조사 결과 약 75%의 학생이 이 도구를 자주 사용했으며, 94%가 유용하다고 응답했다(Liu et al., 2024). 일부 학생은 이 도구를 '24시간 개인 튜터가 옆에 있는 느낌'이라고 표현하기도 했다(Liu et al., 2025).

하지만 AI 조교 시스템 도입에 장점만 있는 것은 아니다. 기대와 함께 다음과 같은 우려도 뒤따른다. 첫째, 학생들이 AI 조교에 지나치게 의존하면 스스로 생각하고 문제를 해결하는 힘이 약해질 수 있다. 둘째, AI의 답변이 언제나 정확하지는 않기 때문에 잘못된 설명이나 오개념이 전달될 위험도 있다. 셋째, 질문을 어떻게 던지느

냐(프롬프트 설계 방식)에 따라 교육 목표와는 어긋난 답변이 나올 수 있는데, 이는 교수가 수업을 이끌어 가는 힘을 약화시킬 수도 있다(Liu et al., 2025).

CS50 Duck 사례는 'AI를 그냥 들여놓는 것'이 아니라, 교육 목표에 맞게 신중하게 설계하고 실험해 보는 과정이 필요하다는 사실을 잘 보여 준다. 초기에는 학생들이 Duck의 답변을 그대로 베끼거나 의존하는 문제가 발견되었으나, 교수진은 이 피드백을 반영해 AI가 직접적인 정답 대신 질문과 힌트를 제공하도록 수정했다. 또한 교수들은 CS50 Duck의 대화 로그를 통해 학생들이 어려움을 겪는 지점을 분석하고, 수업의 구조와 피드백 방식을 개선하는 데 활용했다. 이처럼 CS50 Duck은 교수를 대체하는 것이 아니라, 학생의 사고 과정을 관찰하고 지도하는 교수의 역할을 확장하는 도구로 기능했다. 결국 이 실험은 AI의 도입이 단순한 자동화가 아니라, **교육의 본질—"누가 가르치고, 어떻게 배우는가?"—을 다시 묻고 조정하게 만드는 계기**가 될 수 있음을 보여 준다.

2) 하버드 경영대학원 ChatLTV

하버드경영대학원(HBS)의 MBA 과목 〈기술 벤처 창업(Launching Tech Ventures)〉은 창업가들의 의사결정 실습을 중심으로 구성된 대표적인 사례 중심 코스이다. 세 섹션으로 운영되며 250명 이상의 학생이 수강하는 대규모 강의이다.

이 강의를 맡은 제프 버스강(Jeff Bussgang) 교수는 학생들의 학습을 보조하기 위해 업무용 협업 도구인 슬랙(Slack)을 기반으로 한 AI 챗봇 ChatLTV를 개발했다. 이 챗봇은 50개가 넘는 과거 사례 연구와 강의 자료, 슬라이드, 워크북, 교수 저서, 그리고 슬랙에 축적된 이전 수업의 질의응답 기록 등 방대한 자료를 학습해 구축되었다. 이를 바탕으로 검색 증강 생성(retrieval augmented generation: RAG) 방식을 활용해 학생들의 질문에 맥락 있는 답변을 제공하며, 단순한 해설을 넘어 전략적 설명과 구체적인 예시까지 덧붙인다(Bussgang, 2023, December 15).

흥미로운 점은 학생들이 ChatLTV를 활용하는 방식이 다양했다는 것이다. 평소 조용하던 학생은 이 도구를 통해 질문을 수차례 던지며 수업에 적극적으로 참여했고, 비전공자나 영어가 서툰 학생은 낯선 용어나 약어를 바로 확인하면서 이해의 장벽을 낮출 수 있었다. 또, 준비가 철저했던 상위권 학생은 ChatLTV에 케이스 요약을 요청해 정리한 뒤 수업 토론을 한층 더 깊이 있게 이끌어 갔다. 같은 도구가 누군가에게는 참여의 창구, 또 다른 이에게는 이해의 다리, 그리고 준비된 학생에게는 토론의 발판이 된 셈이다. 학생들 중 한 명은 "마치 교수진과 슬랙으로 실시간 대화를 나누는 것 같다."고 말했고, 또 다른 학생은 '24시간 멘토가 곁에 있는 느낌'이라고 표현하기도 했다(Pressman, 2024).

버스강 교수는 다양한 방식으로 학습을 보완하는 긍정적 효과를 강조했지만 교육계 전반에서는 이러한 도구가 장기적으로는 학생들의 독립적 탐구 역량을 약화시킬 수 있다는 우려가 존재한다. AI가 편리한 조력자가 되는 순간, 스스로 질문을 다듬고 불확실성을

견디며 문제를 탐색하는 과정이 소홀해질 수 있기 때문이다. 이에 HBS 교수진은 단순히 도구를 제공하는 수준을 넘어, 학생들이 AI 활용 경험을 스스로 비판적으로 성찰할 수 있도록 장치를 마련했다. 예컨대, AI 사용 과정을 기록한 리포트를 제출하게 하거나, "이 도구가 당신의 문제해결 과정에 어떤 도움과 제약을 주었는가?"와 같은 반성적 질문을 던지도록 설계한 것이다.

ChatLTV의 성공 이후, 회계나 데이터 과학 과목에서도 유사한 챗봇이 도입되었으며, 2025년부터는 모든 MBA 학생이 데이터 과학과 AI 리터러시 과목을 필수로 이수하게 되었다. 또한 이번 경험은 단일 수업을 넘어 HBS Online 프로그램으로 확산되어, 〈경영인을 위한 데이터사이언스(Data Science for Managers)〉나 신규 필수 과목 〈리더를 위한 데이터사이언스와 AI(Data Science and AI for Leaders)〉에서도 AI 조교 도구가 도입되는 계기가 되었다(Ryan, 2025).

결국 〈기술 벤처 창업〉 과목의 ChatLTV 실험은 AI가 수업 속에서 교수진의 보조 교사로 기능할 수 있음을 보여 주는 동시에, 기술 도입이 교육 목표와 어떻게 맞물려야 하는지를 묻는 사례이다. 〈CS50〉 과목 사례와 함께 보면, AI 기반 학습 혁신은 단순한 기술 활용이 아니라 교육 철학, 수업 설계, 평가 방식, 그리고 학생 주도성까지 함께 재구성해야만 지속 가능한 방향으로 나아갈 수 있음을 시사한다.

③ 실험하는 교실: 국내 타 대학의 AI 교육 동향

국내의 여러 대학에서도 다양한 방식으로 생성형 AI에 대응하고 있다. 서울대학교에서는 교내 AI 연구원과 협력하여 챗지피티를 사용한 부정행위를 방지하는 툴을 개발하였다(김기석, 2023년 4월 8일). 명지대학교는 자체 개발을 하지는 않았지만 외부에서 개발한 딥스킬(DeepSkill)이라는 플랫폼을 사용하고 있다. 딥스킬은 학습자가 주어진 문제를 풀고 나면 해당 풀이 결과를 이해한 챗지피티 기반의 소크라테스가 등장하여 비판적 질문을 던지는 방식으로 학습 효과를 높인다. 말 그대로 소크라테스 문답식 교수법을 사용자 시나리오에 구현한 것으로, 학습자는 소크라테스의 질문에 적절하게 답변해야만 주어진 스킬 포인트를 얻을 수 있다. 딥스킬은 대학교육뿐만 아니라 사기업의 역량 진단에도 사용되고 있다(장하주, 2024년 3월 18일).

국내 대학에서는 도구를 직접 개발하기보다는 생성형 AI를 수업에 다양하게 활용하는 시도를 하고 있는 것으로 보인다. 한국대학신문 보도(김세연, 2024년 3월 17일)에서 인공지능을 활용한 교수들의 인터뷰가 실렸는데, 성균관대학교 예술대학 이혜민 교수는 〈인공지능과 예술〉, 〈인공지능과 문화예술〉, 〈예술과 4차산업혁명〉 등의 수업에서 생성형 AI를 적극 활용하고 있다. 이 교수는 문화예술의 다양한 분야에 인공지능이 빠르게 침투하고 있는 현실을 지적하며, 창의성은 인공지능이 대체하지 못할 것이라는 의견을 수업을 통해 바로잡고 싶다고 밝혔다. 한국기술교육대학교에서 〈경영학원론〉, 〈빅데이터 개론〉, 〈인공지능과 경영〉 강의를 진행하는 산업경영학부 윤상혁 교수는 이 수업들을 통해 학생들이 경영학과 같은 전통적 학문 분야와 인공지능이 어떻게 통합될 수 있는지를 이해할 수 있었다고 밝혔다. 동시에 학생들이 인공지능의 기술적 한계에 대해 지적하였고, 이러한 지적들이 수업 설계에서 인공지능 도구의 선정과 활용 방식 결정에 중요한 지표의 역할을 할 수 있다고 밝혔다.

이화여자대학교는 생성형 AI를 이화여자대학교 고유의 교수학습 모델인 'THE BEST' 교육과 접목하고 있는 것으로 알려져 있는데, 이를 위하여 수업 단계별 AI 활용 지침을 만드는 동시에 생성형 AI의 수업 및 학습 활용 사례를 공유하고 있다. 또한 '생성형 AI 활용 윤리 지침'을 제정하여 "교수자와 학생이 생성형 AI의 한계나 잠재적 위험성에 대해 인지하고 함께 대학교육의 질을 높여 나갈 수 있도록 바람직한 방향을 안내해 주는 데 초점을 뒀다"고 밝혔다(정다연, 2023년 7월 12일).

대학교육용 교육 플랫폼들도 앞다투어 인공지능 기능을 도입하고 있다. 클라썸(Classum)은 여러 대학과 기업에서 사용 중인 플랫폼으로 교육 운영부터 콘텐츠, 스킬 관리를 한 곳에서 제공한다. 학생들의 질문과 소통이 활발한 수업 환경을 조성하기 위해 선택적 익명 기능, 챗지피티 기반의 챗봇 사용(예: 답변 생성, 비슷한 질문을 찾아서 알려 주기 등)을 도입하고 있다. 사용자 중심의 UX/UI, 학습자의 참여를 유도하는 챌린지 기능 등을 제공한다. 클라썸은 조별

활동이나 플립러닝 수업에서도 효과적으로 활용될 수 있는데, 학생들의 참여도와 소통을 높이고 상호작용을 통해서 학습자들 간의 도움을 제공할 수 있도록 하여 강의 운영을 더 간편하게 만드는 것을 목적으로 한다.

이 장에서는 AI의 도입 또는 금지라는 이분법을 넘어, 대학들이 서로 다른 문화적 · 제도적 맥락 속에서 **적극적 수용-신중한 실험-경계와 저항**의 스펙트럼을 오가며 **자기 고유의 전략을 설계**하고 있음을 살펴보았다. 하지만 어느 한 모델도 완결된 해법은 아니다. 관건은 속도나 태도의 문제가 아니라, 대학이 어떤 철학적 기준과 제도적 구조 속에서 인공지능을 통합해 나가는가이다. 각 대학은 자신만의 정체성과 목표를 반영한 전략을 모색해야 하며, 이는 단순한 기술 혁신의 문제가 아니라 교육의 방향과 가치의 문제이기도 하다. 각 대학이 자신의 철학과 현실을 기준으로 **학습 목표에 정렬된 AI 사용, 투명한 규칙과 책임의 배분, 데이터와 증거에 기반한 지속적 개선**을 체계화하는 작업이 필요하다. 다음 장에서는 한림대학교가 이러한 세계적 흐름 속에서 어떻게 자신만의 길을 모색하고 있는지를 살펴본다.

더 알아보기

하버드대학교의 수업별 인공지능 가이드라인 예시

해외 대학에서는 명예규율(honor code)과 함께 학생지침서(student handbook)에 학문적 진실성에 대해 밝히고, 교수자에게 구체적인 가이드라인을 수업별로 제시하라고 권고하면서 사용할 수 있는 안내문구도 예시로 보여주고 있다. 다음은 하버드대학교의 인공지능 관련 수업 가이드라인[1)]을 참고하여 작성한 가이드라인이다.

수업을 진행할 때, 인공지능과 관련하여 다음과 같은 안내를 할 것을 권합니다. 다만, 다음의 예시는 참고용이고 교수자가 자유롭게 수정할 수 있음을 밝힙니다.

첫째, 인공지능 활용에 대한 제한을 요구하는 수업

이러한 수업은 다음과 같은 문구를 참고하여 학생들에게 안내해 주세요.

이 수업에서 모든 과제는 학생들이 작성하는 것이 원칙입니다. 이 수업의 규정은 과제의 모든 단계에서 인공지능(생성형 AI)을 활용하지 않는 것입니다. 이 규정을 어기는 것은 부정행위로 간주할 것입니다. 인공지능과 관련해서 대학의 수업별 규정이 다를 수 있으니, 각 규정을 제대로 확인하는 것은 학생의 책임이라는 것을 기억하길 바랍니다.

---

1) 참고: Havard College, Office of Undergraduate Education, Generative AI Guidance, https://oue.fas.harvard.edu/faculty-resources/generative-ai-guidance/

둘째, 인공지능을 적극적으로 활용하는 수업

이러한 수업은 다음과 같은 문구를 참고하여 학생들에게 안내해 주세요.

이 수업에서는 인공지능을 모든 과제에서 활용하는 것을 권장하고 있습니다. 다만 인공지능을 활용할 때는 출처와 활용 용도를 분명하게 밝혀야 합니다. 또한 인공지능으로 생성된 결과물의 정확성과 내용에 대해서는 학생이 책임을 져야 합니다. 이 규정을 어기는 것은 부정행위로 간주할 것입니다. 인공지능과 관련해서 대학의 수업별 규정이 다를 수 있으니, 각 규정을 제대로 확인하는 것은 학생의 책임이라는 것을 기억하길 바랍니다.

마지막으로, 인공지능 활용의 허용 여부가 혼용되어 있는 수업

이러한 수업은 다음과 같은 문구를 참고하여 학생들에게 안내해 주세요.

이 수업에서는 기본적으로 과제에서 인공지능의 활용을 금지합니다. 교수자가 활용해도 된다고 언급하는 과제에만 인공지능을 활용할 수 있습니다. 인공지능을 활용할 때는 출처와 활용 용도를 분명하게 밝혀야 합니다. 또한 인공지능으로 생성된 결과물의 정확성과 내용에 대해서는 학생이 책임을 져야 합니다. 이 규정을 어기는 것은 부정행위로 간주할 것입니다. 인공지능과 관련해서 대학의 수업별 규정이 다를 수 있으니, 각 규정을 제대로 확인하는 것은 학생의 책임이라는 것을 기억하길 바랍니다.

제7장

한림대학교의 작은 걸음

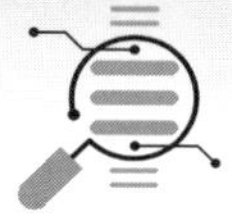

세계 대학들은 인공지능이라는 변화 앞에서 각자의 방식으로 대응하고 있다. 이제 막 돛을 올린 그들은 어떤 방향으로 항해하고 있을까? 어떤 대학은 과감하게 AI를 수업 전반에 바로 적용하고 있었고 어떤 대학은 AI를 조금씩 수업에 적용하는 실험을 거듭하고 있었다. 또한 일부 대학은 AI의 사용을 제한하고 있었다. 이러한 국제적 변화를 살펴보다 보면 마음 한구석에 질문이 떠오르게 된다. "그래서 우리는 무엇을 어떻게 할 수 있는가?"

1 한림대학교의 고민과 비전

대학 수업에서 학생은 종종 혼자가 된다. 수업 시간에 이해하지 못한 개념이 생겼을 때 가장 먼저 떠올리는 대상은 교수이다. 교수의 답변은 가장 정확하고 신뢰할 수 있지만, 현실적으로 수십, 수백 명의 학생을 개별적으로 챙길 여유는 없다. 이는 단순히 교수의 시간 부족이나 학생의 소극적 행위가 야기한 문제가 아니다. 연구 중심 대학 체제, 대형 강의 위주의 교육 구조, 성과 중심의 평가 시스템이 만들어 낸 구조적 제약 속에서, 학생이 교수 연구실 문을 두드릴 기회는 극히 제한적일 수밖에 없다. 교수 역시 구조적 압박에서 자유롭지 않다. 강의 준비, 과제 관리, 시험 출제와 채점 같은 반복적 작업이 늘어나면서 정작 학생과 깊이 있는 대화를 나누고, 연구 성과를 교육에 녹여 내는 교수의 고유한 역할 수행은 점점 더 어려워지고 있다.

이러한 구조적 한계를 단번에 해소할 수는 없다. 그러나 부분적으로나마 보완할 수 있는 도구는 탐색할 수 있다. 이 장에서는 대한민국에서 한림대학교가 내디딘 작지만 의미 있는 걸음을 구체적으로 들여다보고자 한다. 한림대학교의 실험은 거창한 구호나 막대한 예산이 아니라, “우리 학생들에게 지금 진짜 필요한 게 무엇일까?”라는 진솔한 고민에서 시작됐다고 볼 수 있다. AI 시대, 위기에 봉착하지 않은 대학교육 현장이 있을까? AI 시대 지식은 하루가 다르게 폭발적으로 늘어나고 있지만 이를 가르치고 심화시킬 교수는 턱없이 부족하다. 한 명의 교수가 수십, 수백 명의 학생을 상대로 깊이 있는 상호작용을 한다는 것은 거의 불가능에 가깝다. 이런 현실적 제약 속에서 한림대학교는 조금 다른 상상을 한다. 한림대학교 발전계획 2030+(한림대학교, Hallym Vision 2030+)와 글로컬대학 핵심 과제인 AI 교육솔루션을 통해 AI 조교, AI 튜터, AI 어드바이저, 그리고 AI 교수의 가능성을 고려한 것이다(이정환, 2024년 11월 19일). AI 조교, 튜터, 교수 등은 다소 뜬구름 잡는 생각일 수 있지만 그 고민의 출발점은 아주 현실적인 것이었다. “인력 부족으로 도저히 개설하기 어려운 필수 과목이나, 학생들이 꼭 필요로 하는 지원들을 AI가 좀 보완해 줄 수는 없을까?” 바로 이 질문에서 모든 것이 시작된 것이다.

2 AI 동반자, 한림대학교의 응답

한림대학교가 시작한 실험은 AI를 교수와 학습 활동의 동반자로 자리매김하게 하는 **AI 동반자(AI Companion)** 실험이다. 이 모형에서 AI는 교수에게는 수업 준비와 반복적 행정을 도와주는 조교, 학생에게는 학습의 빈틈을 채워 주는 튜터, 그리고 미래 진로를 안내하는 어드바이저라는 세 가지 역할을 수행한다.

그러나 실험을 시작하기 전에 분명히 해야 할 것이 있다. AI 기술이 급속히 발전하고 있는 중이지만 AI가 인간을 완전히 대체할 수는 없다는 점은 명확하다. AI는 학생의 좌절감이나 개인적 고민의 층위를 섬세하게 읽어 내기 어렵고, 예상치 못한 학문적 영감과 직관을 제공하는 데 한계가 있다. 윤리적 판단이나 가치 지도 역시 교육자가 맡아야 할 고유의 책무이다. 문화적 맥락을 깊이 이해하는 데에도 여전히 부족하다.

그렇다고 해서 AI가 불필요한 것은 아니다. 오히려 AI가 잘할 수 있는 영역은 분명하다. 기초 개념 확인과 반복 학습, 객관적 데이터를 활용한 맞춤형 학습 제안, 긴급하지 않은 질문에 대한 24시간 대응, 교수의 행정적 부담을 줄여 주는 반복적 업무 보조가 그것이다. 결국 핵심은 AI에게 무엇을 맡기고 무엇을 맡기지 않을 것인가라는 경계 설정에 있다.

그림 7-1 **한림대학교 AI 동반자(AI 생성 이미지)**

이 절에서 설명하는 AI 동반자는 이러한 한림대학교의 고민을 반영한다. 이 가운데 일부는 현재 구현되어 사용 중이고, 일부는 아직 실험 단계에 머물러 있거나 미래 지향적 구상으로서 향후 기술 발전과 교육 환경 변화에 따라 구체화될 가능성이 있다.

1) AI 조교

AI 조교는 교수가 반복적으로 감당해야 하는 수업 준비와 운영의 부담을 덜어 줄 수 있는 존재이다. 교수가 기본 강의 자료만 입력하면, AI는 학교의 표준 양식에 맞춘 강의계획서를 작성하고, 교수의 지시에 따라 세부 사항을 보완해 준다. 인터넷 검색을 통해 보조 자료를 추천하거나 요약해 주며, 그림 · 표 · 코드 예제 같은 멀티모달 자료까지 생성해 강의 내용을 풍부하게 만든다.

새로운 교과목이라 기존 자료가 없을 경우에는, 스스로 강의 계획을 수립하고 관련 자료를 수집하여 초안을 마련한다. 시험이 다가오면 퀴즈와 문제를 출제하고 채점까지 담당하지만, 이러한 역할은 어디까지나 교수의 감독과 판정을 전제로 한다. 강의가 진행되는 중에도 학생들의 질문에 보조 답변을 제공하거나, 연습 문제와 조별 학습 주제를 제시하며 수업을 보강한다. 플립 러닝을 위한 사전 학습 자료 검증, 코딩 교과목에서의 실행 환경 제공, 학교 시스템과의 연동을 통한 자료 관리 역시 AI 조교의 몫이다. 이처럼 AI 조교는 교수의 시간을 빼앗는 잡무를 줄이고, 교육의 본질적인 대화와 설계에 집중할 여유를 마련해 주기 위한 동반자이다.

AI 조교의 기본 기능

- 강의계획서 자동 작성 및 보완
- 인터넷 검색 · 요약 · 멀티 모달 자료 생성
- 신규 교과목 설계 초안 마련
- 퀴즈 · 시험 출제 및 채점(교수 감독 전제)
- 강의 유형 맞춤형 기능 추천
- 수업 중 질의응답, 연습문제, 조별 자료 제공
- 학교 시스템 연동 및 자료 관리

2) AI 튜터

AI 조교가 일차적으로 교수를 지원하기 위한 동반자로 계획된 것과 달리, AI 튜터는 학생 곁에서 상시적으로 열려 있는 학습 동반자로 설계되었다. 무엇보다 중요한 특징은 **개인화**이다. 학생들이 궁금해하는 질문에 답하되, 필요한 경우 학생의 수준과 학습 진도를 분석하여 질문에 답하고 적절한 난이도의 연습 문제를 제시하며, 풀이 과정까지 안내하는 기능을 지향한다. 단순히 정답을 알려 주는 것이 아니라, 학생이 얼마나 이해했는지 판단해 응답 방식을 조정한다.

또한 AI 튜터는 학습자의 **다양성**을 고려한다. 언어 장벽이나 장애로 학습 접근에 제약이 있는 학생들을 위해 번역과 통역, 원격 수업 자막 생성, 텍스트 음성 변환(Text-to-Speech) 기능을 제공할 수 있다. 이러한 기능은 학습권의 평등을 보장하는 기초 토대가 된다.

학습 과정은 개별 학생 차원에 머물지 않는다. AI 튜터는 조별 활

동에서 대화 흐름을 모니터링하며, 필요할 때 질문에 응답하고 토론의 방향을 제시하는 **모더레이터**로도 기능한다. 수업이 끝난 뒤에는 단순히 종료되는 것이 아니라, 오늘 학습한 내용을 되돌아보게 하는 성찰 대화를 제공하여 자기 주도 학습을 유도한다.

이 모든 과정은 기록으로 남는다. 학생의 성취 기록은 학교 시스템에 축적되어, 이후 다른 과목을 수강하거나 다양한 활동을 할 때 개인화된 학습 지원의 근거 자료로 활용된다. 이를 바탕으로 AI 튜터는 언제나 곁에 있으면서도 개별 학습과 협력 학습을 동시에 지원하는 지속 가능한 학습 동반자로 자리매김할 수 있게 된다.

물론 여기서 언급한 기능들이 모두 완전히 구현된 것은 아니다. 일부는 이미 시범적으로 적용 중이고, 많은 부분은 앞으로의 요구사항이자 개발 과제에 해당한다. 중요한 것은 한림대학교가 이 기능들을 단순한 상상이나 구호가 아니라, 점진적으로 실험하고 축적해 가는 과정 속에 있다는 점이다.

AI 튜터의 기본 기능

- 개인화된 맞춤형 학습 지도
- 이해도 기반 응답 조정
- 학습 다양성 지원
- 협력 학습 모더레이터 역할
- 자기 주도 학습 유도(성찰 대화)
- 지속적 학습 이력 관리

3) AI 어드바이저

AI 어드바이저는 단순한 학습 보조 기능에 그치지 않고, 학교생활 전반과 미래 설계까지 아우르는 상담자 역할을 한다. 학생에게는 맞춤형 조언자이자 길잡이로, 교수에게는 행정과 상담을 덜어 주는 도우미로, 외부 사용자에게는 학교의 얼굴로 기능한다.

학생의 경우, AI 어드바이저가 학교생활 전반에 걸쳐 필요한 정보와 상담을 제공한다. 캠퍼스 내 사무실 위치나 행사 정보를 묻는 일상적인 질문에서부터, 학습 경로 설계나 복수전공 상담, 비교과 활동 제안 같은 진로 · 경력 상담까지 지원한다. 또한 장학금 제도의 요건을 개인 맞춤형으로 안내하고, 휴학 · 복학과 같은 제도적 절차를 설명하며, 취업과 자격증 준비, 모의 면접까지 이어지는 진로 지원을 맡는다. 나아가 정서적 상담까지 포함해, 학생이 학교생활 전반에서 느끼는 고민을 모니터링하고 필요한 경우 전문가와의 상담을 제안한다.

교수에게는 또 다른 차원에서 도움을 준다. 강의 운영과 연구로 바쁜 교수들이 일일이 챙기기 어려운 학생들의 학업 · 진로 상담을 AI 어드바이저가 1차적으로 맡아 준다. 학생이 어떤 과목에 어려움을 겪는지, 복수전공이나 비교과 활동에 어떤 관심을 보이는지, 졸업 후 진로를 어떻게 고민하는지에 대한 정보를 요약해 제공함으로써, 교수는 필요한 순간에 보다 심층적인 대화를 이어 갈 수 있다. AI 어드바이저는 교수에게 학생 개별 상황에 대한 배경 정보를 제공하는 **상담 파트너**로 기능하는 것이다.

외부 사용자에게는 학교의 첫인상이 된다. 학부모나 입시생이 학교 홈페이지의 AI 도우미를 통해 학교와 학과 소개, 입학 조건, 성적 기준 같은 정보를 문의하면, AI 어드바이저는 즉각적인 답변을 제공한다. 이는 학생용 서비스처럼 개인 맞춤형은 아니지만, 일반 사용자를 대상으로 학교의 신뢰도 높은 안내 창구가 된다.

이처럼 AI 어드바이저는 학생, 교수, 외부 사용자를 잇는 다리이자, 대학 생활과 진로 설계를 아우르는 **종합 상담 에이전트**의 역할을 한다.

AI 어드바이저의 기본 기능

학생 지원

- 학교생활 전반 정보: 사무실 위치, 행사, 행정 안내
- 진로·경력 상담: 학습 경로, 역량 평가, 복수전공, 비교과 활동
- 장학금 상담: 개인 맞춤형 요건 안내 및 활동 제안
- 학적 상담: 휴학, 복학, 군입대 등 규정·절차 안내
- 취업 지원: 자격증 정보, 기업 추천, 모의 면접
- 정서적 상담: 학생 상태 모니터링, 조언 및 상담 제안

교수 지원

- 학생 학업·진로 상담의 1차적 처리
- 학생별 관심사, 진로 고민, 비교과 활동 현황 요약 제공
- 교수-학생 심층 대화의 배경 자료 제공

외부 사용자 지원

- 학교 홈페이지 AI 도우미를 통한 일반 정보 제공
- 입학 상담: 학부모, 입시생, 입시 담당 교사 등을 위한 학과 소개, 입학 조건, 성적 기준 등 안내

4) AI 교수

한 걸음 더 나아가, 대학교육의 미래를 논의할 때 'AI 교수'라는 가능성도 보다 구체적으로 검토할 필요가 있다. 오늘날 많은 대학에서는 학생들의 수요가 분명함에도 불구하고 개설하지 못하는 과목들이 여전히 존재한다.

첫째, 생성형 AI와 윤리, 디지털 치료제 설계 실습, 데이터 법과 거버넌스, 공공정책과 인공지능, AI와 지속가능발전 등과 같은 신흥 융합 분야는 학문 간 경계를 넘나드는 특성 때문에, 이를 가르칠 교수진을 확보하기가 쉽지 않다.

둘째, 소수 언어, 아프리카 지역학, 예술공학과 같이 전문 인력이 희소하거나 시장성이 낮은 특수 분야는 수익성 중심의 대학 구조 속에서 개설이 지연되거나 폐강되는 경우가 많다.

이 두 부류의 문제는 모두 **교원 수급의 불균형과 재정 구조의 제약**이라는 동일한 원인에서 비롯된다. 결국 대학은 학생들의 학습 수요를 충분히 충족하지 못하고 있으며, 이러한 '교육 기회의 공백'이 AI 교수의 필요성을 다시 생각하게 만드는 출발점이 된다.

신철규 등은 AI 교수의 역할을 단순한 지식 전달이 아닌, **교과 · 평가와 정렬된 교수자급 엔진**으로 정의한다(Shin et al., 2024). 이는 범용 챗봇이 아니라, 해당 과목의 강의계획서, 루브릭, 핵심 개념, 문제은행을 기반으로 설계되어,

① 학습자에게 정렬된 개념 설명과 오개념 교정 질문을 제공하고,
② 형성평가 피드백의 초안을 제시하며,
③ 개인의 학습 경로를 진단 · 추천하고,
④ 교수자에게는 학습 로그 기반의 진단 리포트를 제공한다.

즉, AI 교수는 '가르침의 일부'를 맡지만, **평가 · 판단 · 가치 교육의 책임은 전적으로 인간 교수에게 남는 하이브리드 모델**이다.

이 모델에 따르면, AI 교수의 발전은 자율주행 단계처럼 Level 1~5로 구분된다. 현재의 기술은 L1~L2 수준에 머물며, 인간 교수의 감독 아래에서만 작동한다. 향후 발전이 이루어지더라도, **인간-기계 협력**(Human-in-the-Loop) 구조는 유지되어야 한다. 왜냐하면 즉흥적 상호작용, 정서적 감화, 비판적 사고의 촉진, 가치관의 전수 등과 같은 진정한 교육의 핵심은 여전히 인간 교육자의 고유한 영역이기 때문이다.

따라서 한림대학교가 구상하는 AI 교수의 방향성은 대체가 아니라 협력에 있다. AI 교수는 반복적 설명, 학습 진단, 피드백 초안 등 **인지적 과업을 담당**하고, 인간 교수는 **교육적 판단과 정서적 관계의 중심**을 맡는 구조이다. 이 하이브리드 모델은 한편으로는 전문 인력 부족을 보완하는 현실적 해법이자, 다른 한편으로는 교육 접근성의 형평성을 높이는 실험적 시도이다. 결국 중요한 것은 기술이 아니라 설계의 철학이다. AI 교수가 **새로운 교원**으로 기능하기 위해서는, 학습 목표와 평가 루브릭에 정렬된 설계, 인간 책임의 명확한 분장, 그리고 윤리 · 투명성 · 품질 검증을 담보하는 제도적 거버넌스가 반드시 뒤따라야 한다.

이 모든 노력이 모일 때, AI 교수는 단순한 기술이 아니라 대학이 교육의 본질을 확장하기 위해 선택할 수 있는 또 하나의 길이 될 수 있다.

5) 한림 AI 기반 교육 서비스 플랫폼

앞에서 살펴본 AI 튜터, AI 조교, AI 어드바이저, AI 교수는 단순한 구상이나 기능 나열로는 구현될 수 없다. 이를 실제로 작동하게 하려면 교수와 학생, 교직원 등 다양한 사용자가 하나의 통합된 체계 안에서 손쉽게 접근할 수 있는 기반이 필요하다. 한림대학교가 개발 중인 **AI 기반 교육 서비스 플랫폼**은 바로 이러한 요구에 응답하는 실험이다.

이 플랫폼은 학생과 교수가 통합 로그인(SSO)을 통해 접속하면, 곧바로 자신에게 맞춘 AI 동반자 서비스를 활용할 수 있도록 설계되어 있다. 학생에게는 개인화된 AI 교사가 제공되고, 교수에게는 강의 준비와 운영을 지원하는 맞춤형 AI 조교가 제공된다. 개별 서비스를 뒷받침하는 핵심은 자체적으로 파인 튜닝한 거대언어모델(LLM), 생성형 모델 API, 데이터 예측 모델, 전공별 특화 데이터베이스로 구성된 AI 허브이다. 이 허브는 다시 교내 학사·행정 시스템 및 외부 서비스와 연동되어, 실제 대학 생활 전반을 지원하는 실질적 도구가 된다.

즉, AI 튜터·조교·어드바이저로 대표되는 **AI 동반자**의 아이디

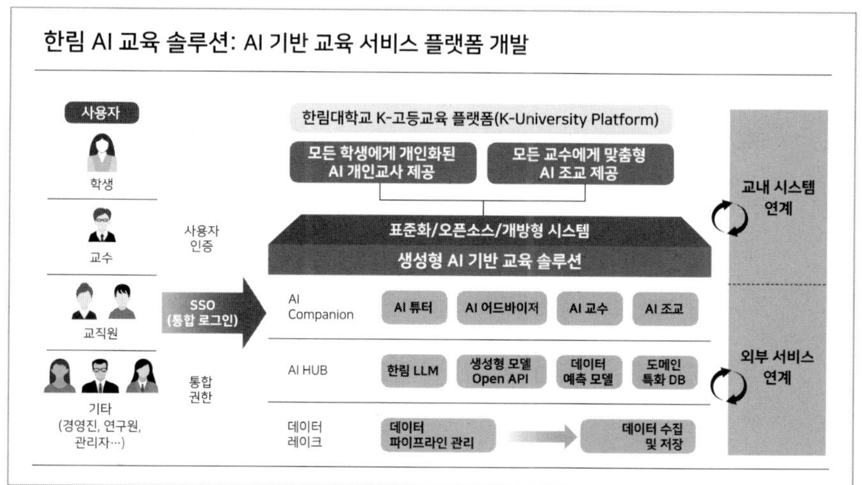

그림 7-2 한림 AI 기반 교육 서비스 플랫폼 구성도

어는 이 플랫폼 위에서 비로소 현실적인 서비스로 구현된다. [그림 7-2]는 이러한 구조를 단순화하여 보여 주고 있으며, 한림대학교가 지향하는 것은 표준화 · 개방형 시스템을 토대로 누구나 활용할 수 있는 **지속 가능한 교육용 AI 인프라**이다.

6) 기술과 교육의 신중한 통합

AI 동반자가 학습 패턴을 추적하고 개인적 질문을 기록한다는 것은 곧 민감한 데이터가 수집된다는 뜻이다. 따라서 데이터 수집의 범위와 목적을 명확히 하고, 학생에게 동의권과 거부권을 보장하며, 보안과 삭제 정책을 투명하게 관리하는 것이 필요하다. 또한 학생이 AI의 답변에 과도하게 의존하지 않도록 비판적 검증 습관을 유지하게 하고, 교수나 동료와의 대화가 여전히 학습의 중심임을 잊지 않게 해야 한다. 접근성 문제도 중요하다. 경제적 여건과 무관하게 모든 학생이 동등하게 이용할 수 있어야 하며, 알고리즘이 특정 집단에 불리한 결과를 내지 않도록 지속적으로 점검해야 한다.

한림대학교의 실험은 하이브리드 접근을 전제로 한다. AI 조교는 강의 자료 정리, 과제 관리, 단순 채점 같은 영역을 맡되, 교육철학 구성이나 창의적 강의 설계, 깊은 상담은 여전히 교수의 몫이다. AI 튜터는 기초 개념 설명과 반복 연습, 맞춤형 자료 추천, 24시간 응답에 특화되지만, 복합적 사고와 창의적 과제는 인간 교육자와 연결된다. AI 어드바이저는 취업 시장 동향과 기본 정보, 개인 적성에 따른 진로 제안을 담당하지만, 인생의 중요한 선택과 가치 판단은 여전히 인간 멘토와 상담사가 맡는다.

이 실험은 완성된 제도가 아니라 진화 중에 있다. 정기적으로 효과를 측정하고, 의존성 증가나 인간관계 소홀, 비판적 사고 약화 같은 부작용을 모니터링해야 한다. 학생과 교수의 실제 경험을 바탕으로 개선점을 찾아내고, 윤리적 가이드라인을 끊임없이 업데이트해야 한다.

AI 동반자는 교육의 구조적 문제를 근본적으로 해결하는 만능 해법이 아니다. 대학교육에서 필요한 진정한 해법은 교수 증원, 소규모 수업 확대, 학습 지원 시설 개선, 평가 체계 개편과 같은 제도적 변화에서 비롯된다. 하지만 제도 개혁이 가시화되기까지는 시간이 걸린다. 그 사이, 지금 우리가 할 수 있는 작은 보완적 실험이 여전

히 의미를 가진다.

핵심은 기술 그 자체가 아니다. 그것을 어떤 철학과 가치의 틀 안에서 활용하느냐에 달려 있다. AI 동반자가 인간적 상호작용을 대체하는 것이 아니라, 오히려 그러한 만남을 더 깊고 의미 있게 만드는 토대가 될 때 기술은 교육적 가치를 발휘한다. 이는 비단 대학교육에만 해당되는 이야기가 아니다. 행정, 의료, 문화, 돌봄, 기업 현장 등 인간과 인간이 맞닿는 거의 모든 영역에서 AI는 **대체자가 아니라 동반자**로 기능할 때 비로소 사회적 가치를 창출한다.

따라서 우리가 던져야 할 질문은 "누구를 위한, 무엇을 위한 AI 교육인가?"에 그치지 않는다. 더 나아가 "누구를 위한, 무엇을 위한 AI 사회인가?"라는 근본적 물음을 붙잡아야 한다. 기술과 사회의 균형 잡힌 통합을 위해, 우리는 서두르지 않되 멈추지도 않는 신중한 여정을 이어 가야 한다.

3 한림대학교의 AI 활용 수업 사례

한림대학교의 **AI 동반자**라는 비전은 단지 보고서 속에만 머물러 있는 것이 아니라, **글로컬사업**의 일환으로 실제 강의실에서 활발하게 구현되고 있다. 사업 초기부터 교수들이 상용 AI 도구를 수업 내용과 목표에 맞게 활용하도록 장려하는 동시에, 개발자와 교수자를 연결하여 수업에 특화된 자체 AI 플랫폼과 도구를 개발하는 노력을 병행해 왔다.

이 절에서는 저자들이 직접 참여하며 겪었던 여섯 개의 생생한 수업 사례를 소개하고자 한다. 첫 세 사례는 제미나이나 챗지피티와 같은 상용 도구를 활용한 경험을, 나머지 세 사례는 현재 개발 중인 자체 도구를 수업에 적용한 경우를 다룬다. 수업에 따라서 비판적 사고력, 협업, 심화 지식 등 다양한 역량의 개발을 목적으로 하였고, AI는 수업 자료를 개발하는 것부터 맞춤형 답변을 제공하는 것까지 다양한 방식으로 교수자의 수업 운영과 학습자의 지식 습득을 지원하는 데 사용되었다. 어떤 시도는 성공적이었고, 어떤 시도는 예상치 못한 난관에 부딪히기도 했다. 이러한 솔직한 경험담을 통해 독자들은 각자의 교육 현장에 적용할 작은 아이디어나 영감을 얻을 수 있을 것이다.

1) AI를 활용한 비판적 사고 교육: <과학기술의철학적이해>

수업 소개 및 타깃 핵심역량: 비판적 사고력

〈과학기술의철학적이해〉는 과학철학의 기본 개념을 이해함과 동시에 AI가 생성한 결과물을 주체적으로 분석하고 평가하는 비판적 사고 능력의 함양을 목표로 삼았다.

기존 수업 운영과의 차이점

〈과학기술의철학적이해〉는 과학철학의 핵심 질문인 “과학이란 무엇인가?"에 대답하며 이 과정에서 "과학적 방법론과 비과학적 방법론 간의 차이는 무엇인가?"에 대해 비판적으로 검토하는 수업이다. 기존의 수업은 강의를 진행하고 수업 주제에 대해 학생들과 토론하는 형식을 취해 왔다. 문제는 세대가 변해 감에 따라 거친 논쟁적 수업 형태를 기피하는 학생들이 많아졌고 공감을 중시하고 협동을 통해 문제를 풀어 가는 실습을 선호하는 학생들이 많아졌다는 것이다. 또한 철학 수업은 수업과 관련된 문헌의 독해 난이도가 높아 수강을 포기하는 학생들도 자주 속출해 온 것도 사실이다.

최근 생성형 AI의 급속한 발달은 이러한 수업의 문제를 개선할 수 있게 해 주었다. 특히 비판적 사고 교육에 쓰일 교육 자료 개발은 항상 인력과 시간의 제약을 동반했는데 챗지피티-o1 모델(혹은 챗지피티 5 thinking 모델)과 제미나이 2.5 pro 모델이 나오면서 이러한 어려움을 상당 부분 극복할 수 있었다. 인공지능 프로그램을 사용해 수업에서 사용할 비평 자료나 객관식 협동 수업 문제 등을 매학기 준비해 학생들이 수업에서 배운 내용을 복습할 수 있게 했으며, AI가 작성한 논문을 세 편 준비해 한 편씩 조별로 AI를 공격하며 비판적 사고력을 향상시킬 기회를 제공하였다.

활용 내용

1단계: 지피티를 활용한 과학철학 논문 생성

학생들의 비판적 분석 능력을 기르기 위한 평가 자료로, 그럴듯하지만 의도적인 오류를 포함한 학술적 글이 필요했다. 이를 위해 챗지피티-o1을 활용하여 10~15페이지 분량의 논문 세 편을 생성했다. 논문의 핵심 주제는 토머스 쿤(Thomas Kuhn)의 과학혁명 구조를 기반으로 각각 "사주 명리학은 과학인가?", "점성술로서의 타로는 과학인가?", "MBTI는 과학인가?"를 분석하는 것이었다. AI에게 특정 이론을 기반으로 주어진 주제에 대해 심층학습을 시켰으며, 이는 학생들이 과학철학적 개념을 실제 사례에 적용하고 그 타당성을 검토하는 과제의 기반이 되었다.

2단계: 노트북LM과 감마를 활용한 학습 보조 자료 제작

AI가 생성한 논문의 텍스트 분량이 많고 내용이 다소 어려울 수 있다는 점을 감안하여 교수자가 구글 노트북LM(NotebookLM)과 감마(Gamma)를 활용해 AI가 생성한 논문을 요약하는 영상 팟캐스트를 제작하여 논평문 발표를 준비할 수 있도록 도왔다. 먼저, 생성된 논문의 핵심 내용을 요약한 후, 노트북LM을 활용하여 요약문을 기반으로 한 영상 팟캐스트 스크립트를 만들었다. 이후, 감마와 같은 프로그램을 활용하여 시각 자료를 보강하고, 어도비 프리미어 프로(Adobe Premiere Pro)로 영상의 불필요한 잡음 등을 편집하여 최종 영상 팟캐스트를 완성했다. 완성된 영상은 개인 유튜브 채널 '논리학당'에 등록하여 학생들이 언제든지 접근하여 논평문 발표를 준비할 수 있도록 지원했다.

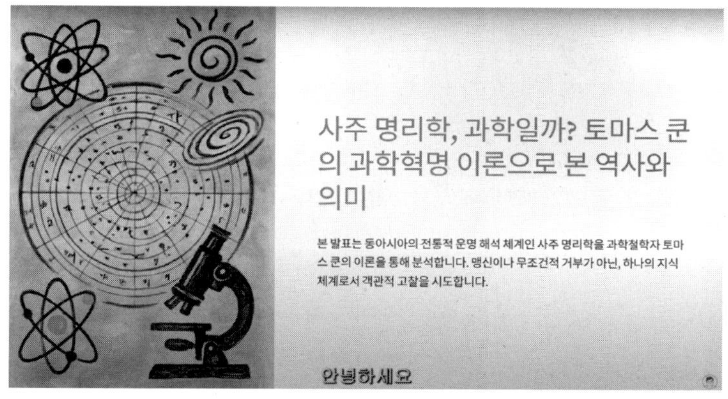

그림 7-3 AI 활용 영상 팟캐스트 제작

출처: https://youtu.be/ryxDVesW16I?feature=shared

3단계: 조별 비판적 분석 및 발표

본격적인 학습 활동으로, 학생들은 조를 구성하여 세 편의 AI 생성 논문 중 하나를 선택해 비판적으로 분석하는 과제를 수행했다. 학생들은 논문 내용의 논리적 오류, 사실 왜곡, 번역 오류 등을 찾아내어 분석 내용을 제출하였고, 교수는 이를 검토하며 학생들의 비평 방향이 올바른지를 평가하고 피드백을 제공하여 분석의 깊이를 더할 수 있도록 도왔다([그림 7-4] 참고). 이 과정을 거친 후, 각 조는 분석 결과를 종합하여 수업 시간에 발표했으며, 다른 조의 비평을 함께 듣고 토론하며 사고를 확장하는 시간을 가졌다.

활용 평가

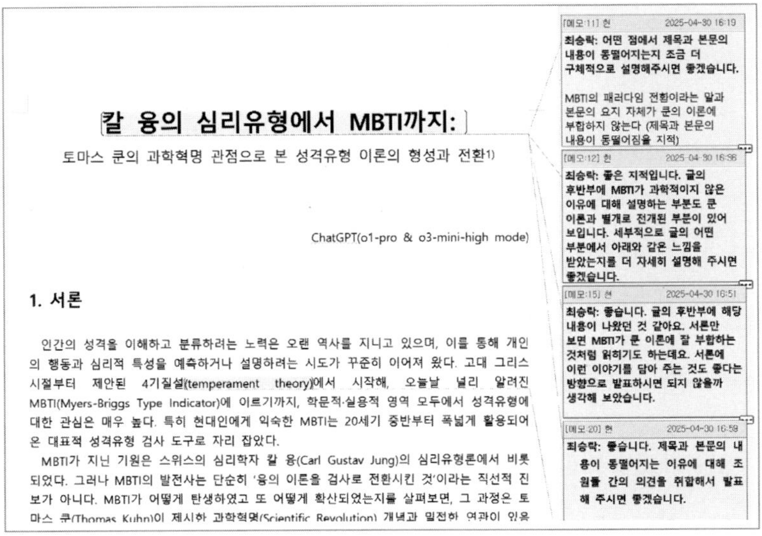

칼 융의 심리유형에서 MBTI까지:

토마스 쿤의 과학혁명 관점으로 본 성격유형 이론의 형성과 전환1)

ChatGPT(o1-pro & o3-mini-high mode)

1. 서론

인간의 성격을 이해하고 분류하려는 노력은 오랜 역사를 지니고 있으며, 이를 통해 개인의 행동과 심리적 특성을 예측하거나 설명하려는 시도가 꾸준히 이어져 왔다. 고대 그리스 시절부터 제안된 4기질설(temperament theory)에서 시작해, 오늘날 널리 알려진 MBTI(Myers-Briggs Type Indicator)에 이르기까지, 학문적·실용적 영역 모두에서 성격유형에 대한 관심은 매우 높다. 특히 현대인에게 익숙한 MBTI는 20세기 중반부터 폭넓게 활용되어 온 대표적 성격유형 검사 도구로 자리 잡았다.

MBTI가 지닌 기원은 스위스의 심리학자 칼 융(Carl Gustav Jung)의 심리유형론에서 비롯되었다. 그러나 MBTI의 발전사는 단순히 '융의 이론을 검사로 전환시킨 것'이라는 직선적 진보가 아니다. MBTI가 어떻게 탄생하였고 또 어떻게 확산되었는지를 살펴보면, 그 과정은 토마스 쿤(Thomas Kuhn)이 제시한 과학혁명(Scientific Revolution) 개념과 밀접한 연관이 있음

[메모:11] 현 2025-04-30 16:19
최승락: 어떤 점에서 제목과 본문의 내용이 동떨어지는지 조금 더 구체적으로 설명해주시면 좋겠습니다.

MBTI의 패러다임 전환이라는 말과 본문의 요지 자체가 쿤의 이론에 부합하지 않는다 (제목과 본문의 내용이 동떨어짐을 지적)

[메모:12] 현 2025-04-30 16:36
최승락: 좋은 지적입니다. 글의 후반부에 MBTI가 과학적이지 않은 이유에 대해 설명하는 부분도 쿤 이론과 별개로 전개된 부분이 있어 보입니다. 세부적으로 글의 어떤 부분에서 아래와 같은 느낌을 받았는지를 더 자세히 설명해 주시면 좋겠습니다.

[메모:15] 현 2025-04-30 16:51
최승락: 좋습니다. 글의 후반부에 해당 내용이 나왔던 것 같아요. 서론만 보면 MBTI가 쿤 이론에 잘 부합하는 것처럼 읽히기도 하는데요. 서론에 이런 이야기를 담아 주는 것도 좋다는 방향으로 발표하시면 되지 않을까 생각해 보았습니다.

[메모:20] 현 2025-04-30 16:59
최승락: 좋습니다. 제목과 본문의 내용이 동떨어지는 이유에 대해 조원들 간의 의견을 취합해서 발표해 주시면 좋겠습니다.

그림 7-4 피드백 자료

수업 후 설문 결과, 대다수의 학생이 AI 생성 논문 비평 활동이 비판적 사고 능력 향상에 큰 도움이 되었다고 응답했다([그림 7-5] 참고). "AI가 생성한 글을 비평하고 그 결과를 발표하는 활동이 학습자님의 비판적 사고 능력을 향상시키는 데 얼마나 도움이 되었다고 생각하십니까?"라는 질문에 50%의 학생이 매우 그렇다(5점), 33.3%의 학생이 그렇다(4점)고 답했다. 학생들은 "AI가 낸 문제에 정답이 복수이거나 아예 없어 정답에 관해서 조원과 이야기하면서 각자의 생각과 논리를 통해 찾아내는 과정이 문제를 단순히 받아들이는 것이 아닌 비판하며 볼 수 있게 해 주었고 오히려 도움이 많이 되었다."와 같은 긍정적인 피드백을 남겼다. 이 활동은 학생들이 AI

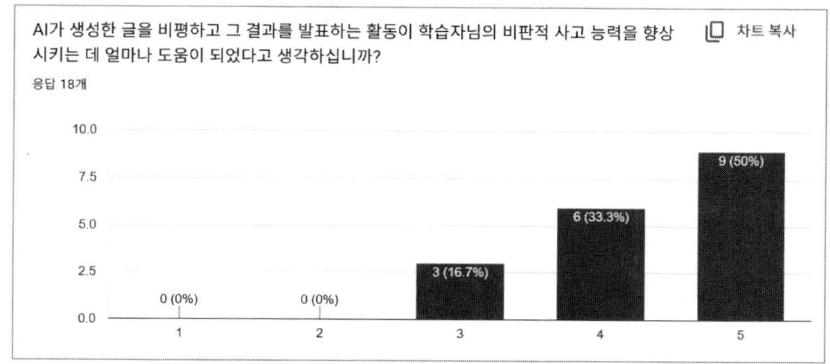

그림 7-5 학생 설문 자료

시대의 핵심역량인 비판적 사고력과 AI 결과물을 분별력 있게 수용하는 자세를 기르는 데 효과적인 교육 모델이었음을 확인할 수 있었다.

2) AI를 활용한 사회복지 서비스 찾기: 〈현대사회와사회복지〉

수업 소개 및 타깃 핵심역량: 협업

〈현대사회와사회복지〉는 일반교양수업으로 사회복지학과 사회복지분야에 대한 이해도를 높이며, 현대사회의 현상들과 사회복지를 연관시켜 분석할 수 있는 능력 향상을 목표로 하고 있다. 수업목표를 달성하기 위한 과제 중 하나는 조별활동 및 발표이다. 학생들은 사회복지 서비스 욕구가 있는 이용자 사례를 대상으로, 사례 속 인물들이 어떤 복지 서비스 유형의 대상인지와 그들의 욕구 및 제공 가능한 서비스를 찾아 발표한다. 이 조별활동은 기본적으로 수업 시간 중에 하는 활동으로 수업 시간 외에는 별도로 조별활동을 하지 않는 것이 원칙이다. 따라서 교수자가 학생들의 조별활동을 수업 시간에 모니터링할 수 있다.

기존 수업 운영과의 차이점

기존 수업에서는 대상자 선정, 욕구 파악 및 제공 가능한 서비스 결정의 전 과정에서 교수자가 학생들에게 제공한 보건복지부 발간 복지 서비스 안내 자료에 국한하여 인터넷 검색 없이 조별활동을 하였다. AI 결합 수업에서는 세 가지 과업을 각각 다르게 접근하였는데, 대상자 선정은 인공지능의 사용을 금지하였고, 욕구 파악은 우선 조원들이 인공지능의 도움 없이 먼저 결정한 후에 인공지능을 활용하여 확인하도록 하였다. 마지막 제공할 서비스 선택 단계에서는 각 조의 조원들을 두 팀으로 나누어 한 팀은 기존대로 교수가 제공한 자료에서 찾고, 한 팀은 인공지능의 도움을 받아 찾도록 하였다. 그리하여 정확한 정보가 있는 자료를 기반으로 사람이 찾은 서비스들과 인공지능을 활용하여 찾은 서비스들을 놓고 최종적으로 조원들이 함께 검토, 논의하여 선택하도록 하였다.

활용 내용: 사회복지 서비스 찾기 과제 가이드라인

AI를 활용한 욕구 파악과 서비스 찾기 예시

1. 위의 사례*에서 볼 때, 위의 사례에 등장하는 인물은 사회복지의 유형(아동, 청소년, 노인) 중 어느 유형의 서비스를 받아야 할 대상자일까? 사회복지 서비스의 대상자가 되는 인물(들)을 밝히고 어느 사회복지 서비스의 대상자가 되는지 쓰되 그 이유도 간단히 설명하시오.

   조원들이 상의하여 결정(여기에서는 AI 사용하지 않음)

2. 여러분이 사회복지사가 되었다고 상상해 보라. 만약 내가 사회복지사라면 1번에서 꼽은 사회복지 서비스 대상자(들)의 욕구가 무엇이라고 할지 논의하여 총 5개를 선정하시오.

   조원들이 먼저 사회복지 서비스 대상자를 선정하고, 대상자들의 욕구가 무엇인지 논의한 후에, AI에게 물어보고 자신들의 선택을 필요하면 보완하기

3. 선정한 5개의 욕구를 충족하기 위한 서비스를 각 1개씩 제시하시오.

   조원을 2팀으로 나누어 한 팀은 AI에게 서비스를 추천하라고 요청하고, 한 팀은 교수가 제공한 자료와 교재에서 서비스를 찾아보기

   AI 활용 팀원들은 AI가 제공한 것이 현실에 있는 것인지 반드시 확인해야 함

   AI 활용 팀과, 교수가 제공한 자료에서 찾은 팀이 협의하여 최종 5개의 서비스를 선정하여 발표

* 사례는 사회복지 욕구가 있는 이용자의 사례를 교수가 팀별로 다르게 제공하되, 2~3팀 정도는 같은 사례를 가지고 분석함

활용 평가

기존에 인공지능의 도움 없이 답변을 준비했을 때와 학생들의 발표를 비교했을 때, 학생들이 더 적절한 용어를 사용하고 발표 내용을 체계적으로 구조화하였으며, 다른 조원이 찾은 자료에 대해서 더 적극적으로 소통하는 모습이 관찰되었다. 다만, 서비스 찾기 전 단계인 욕구결정 단계(예시에서 2번 활동)에서는 인공지능을 활용하지 말고 학생들끼리 논의하여 결정한 후에 인공지능의 결과물과 비교해 보라는 가이드라인을 주었음에도, 조원들 간의 논의 없이 인공지능에게 먼저 물어보는 학생을 목격하였다. 따라서 교수자가 조별활동 중에 학생들에게 인공지능을 활용하면 안 되는 것과, 활용해도 되는 것에 대해서 다시 안내하였다. 학생들은 교수가 준 자료와 함께 추가적으로 인공지능을 사용하여 서비스를 찾는 것이 도움이 된다는 긍정적 평가를 내놓았다. 한편, 인공지능이 제시한 서비스 중에는 실제로 존재하지 않는 것도 있었고, 어떤 경우는 서비스의 출처를 잘못 제공하여 여러 차례 확인이 필요했다는 점에서 기대에 부응하지 못한다는 부정적인 평가도 있었다. 수업 운영 시 인공지능을 쓸 수 있는 활동과 쓸 수 없는 활동에 대한 명확하고 세세한 지침과 함께 인공지능을 활용할 때 그 정확성과 출처를 반드시 확인하는 과정에 대한 강조가 중요함을 이 수업을 통해 알 수 있었다.

3) 전공 수업의 AI 리터러시 교육: 〈영어학개론〉

수업 소개 및 타깃 핵심역량: AI 리터러시

〈영어학개론〉은 영어영문학과의 전공선택수업으로 영어를 언어학적 관점에서 체계적으로 분석하고 이해하는 입문 과정이다. 영어의 소리 체계(음성학, 음운론), 단어 구조(형태론), 문장 구조(통사론), 의미(의미론), 맥락에 따른 언어 사용(화용론), 응용언어학(영어교육, 언어평가) 등의 다양한 세부 분야를 학습하면서, 영어를 단순히 사용하는 것을 넘어서 영어라는 언어 자체의 규칙과 원리를 과학적으로 탐구하는 학문 분야의 기초를 다지는 수업이다.

기존 수업 운영과의 차이점

기존 〈영어학개론〉 수업은 주로 영어학 분야별 주요 용어 및 이론 중심의 강의식 수업으로 진행되었다. AI 활용 기반 〈영어학개론〉 수업은 이론 학습을 넘어 실제 언어 데이터 분석과 실습 중심의 체험형 학습으로 전환했다. 학생들이 AI 도구를 사용하여 음성학, 통사론, 의미론 등의 개념을 직접 적용해 보고 분석할 수 있도록 하였는데, 특히 수업 주제별로 효과적인 AI 도구와 과업을 다르게 설계하였다. 이를 통해 학습 효과를 극대화하고 단순 암기가 아닌 창의적 사고력과 언어학-기술 간 학제간 융합 능력을 기를 수 있는 실용적인 수업으로 변화시켰다.

활용 내용

〈표 7-1〉은 AI 활용 〈영어학개론〉 수업의 주차별 학습 계획과 사용된 생성형 AI 도구들의 구체적인 활용 현황을 보여 준다. 각 주차마다 영어학의 다양한 세부 분야(영어와 AI, 영어교육, 코퍼스언어학, 스토리창작, 전산언어학, 음성학, 애니메이션 제작 등)를 다루면서, 해당 주제에 특화된 AI 도구들을 선별적으로 활용했다. 예를 들어, 코퍼스언어학에는 챗지피티와 Voyant Tool, Gamma를 사용해 영소설 문체 분석과 PPT 제작을 진행하고, 스토리창작에서는 Canva, Midjourney AI, Leonardo.Ai 등 AI 콘텐츠 생성 도구들을 활용해 창의적인 영어동화를 창작했으며, 이후 Suno AI와 Runway와 같은 음성/영상 생성 AI 도구를 이용하여 언어학과 멀티미디어 기술을 융합한 영어동화 애니메이션 제작 과업을 수행했다. 이는 단순히 하나의 AI 도구만 사용하는 것이 아니라, 각 학습 주제의 특성에 맞는 AI 도구 조합을 통해 창의적 사고 능력 및 학제간 융합 역량을 함양하는 실습 중심의 체험형 학습을 구현했다는 것을 보여 준다.

표 7-1 주차별 수업 주제, 생성형 AI 도구와 주요 과제

주차	수업 주제	생성형 AI 도구	주요 과제
2~3	영어학과 AI	챗지피티	프롬프트 엔지니어링
4	영어교육	챗지피티	한영 자동번역, 토익 문항 제작
6	코퍼스언어학	챗지피티, Voyant Tool, Gamma	영소설 문체 분석, PPT 제작

8	스토리창작 (개인 프로젝트)	챗지피티, Canva, Midjourney AI, Leonardo.Ai	영어동화 창작
9	전산언어학	Google Colaboratory, 챗지피티	데이터분석, 시각화
11	음성학	챗지피티, Custom GPTs	Custom GPTs 활용 학습
12~14	애니메이션 제작 (팀 프로젝트)	챗지피티, Midjourney AI, Leonardo.Ai, Suno AI, Runway 등	애니메이션 제작 (동영상 제작, 음성 합성 등)

출처: 한수미, 김민지(2025).

활용 평가

AI 기술을 〈영어학개론〉 수업에 효과적으로 통합하기 위해서는 학생들에게 실질적으로 의미 있는 과업을 제공하고, 수업 내용과 과제에 적절한 AI 도구를 선정하는 등의 체계적인 교수 설계가 필요하다. [그림 7-6]에서 보여 주듯이, 특정 학습 활동(텍스트 분석, 영상/음성 생성 등)이 어려운 과제로 지적된 것은 복잡한 개념 학습과 AI 도구 활용이 결합될 때 높은 인지적 부담이 발생하였기 때문으로 보이며, **학습자의 사전 지식과 도구의 난이도를 고려한 단계적 접근**의 필요성을 시사한다. 따라서 AI 활용 수업은 즉각적인 성취 경험을 제공하는 실용적 과업에서 시작하여 점차적으로 창의적 사고와 고차원적 분석을 요구하는 과업으로 발전시키는 균형 잡힌 교수 설계가 바람직하다. 이러한 점진적인 교수 설계를 통해 학습자는 AI 도구 활용 능력뿐 아니라 창의적 사고력과 융합적 역량을 체계적으로 개발할 수 있다.

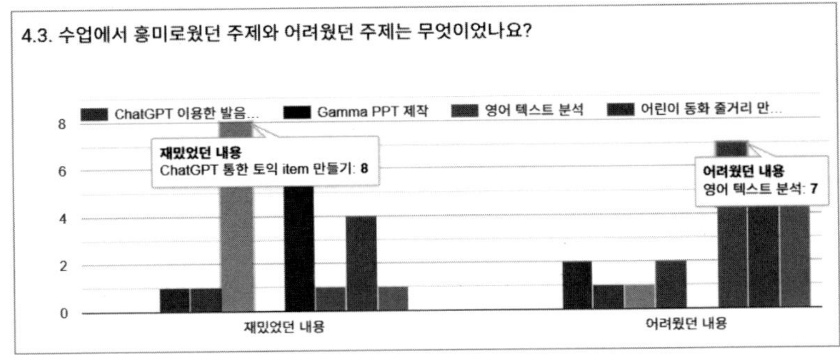

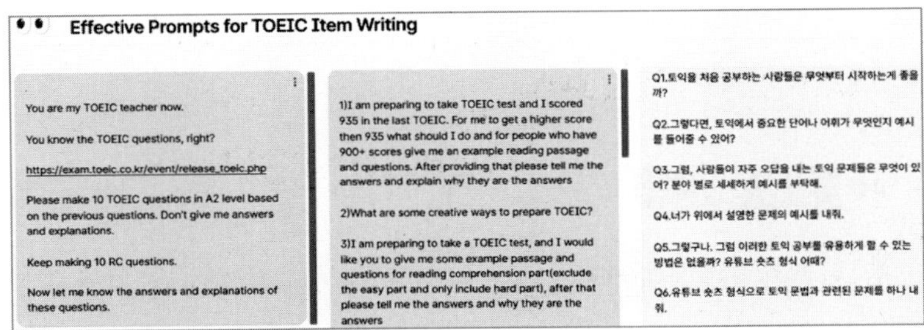

그림 7-6 AI 도구 활용 설문 예시

4) 심화 지식 학습을 위한 챗봇 활용: 〈인지심리학〉

수업 소개 및 타깃 핵심역량: AI 튜터 챗봇 활용 능력

〈인지심리학〉은 심리학의 기초 과목 중 하나로 인간의 기억, 지각, 주의, 언어이해 등 마음속에서 일어나는 정보처리에 대해서 학습하는 과목이다. 학생들은 작업 기억, 처리 용량 등 인지와 관련된 추상적인 개념과 함께, 기반이 되는 연구가 어떤 논리로 수행되고 어떠한 결과가 얻어졌는지, 얻어진 결과가 무엇을 보여 주고 이론과 연결되는지를 학습한다.

기존 수업 운영과의 차이점

챗지피티나 제미나이 같은 상용 언어모델이 학생들이 인지심리학 내용을 학습하면서 경험하는 궁금증을 해소하는 데 사용될 수 있지만, 거짓 정보를 전달하는 환각 현상(할루시네이션,[1] hallucination)과 유료 모델에 대한 접근성 제한이라는 문제가 존재한다. 이러한 문제를 해결하기 위하여 학교 차원에서 개발된 AI 튜터에서 제공하는 챗봇을 사용하였다. RAG 기술을 기반으로 강의자료와 강의 녹화 영상을 챗봇에게 학습시켜 답변 정확도를 높였고 답변에 참조한 출처를 명시하도록 하였다.

챗봇을 구현하는 과정에서 다음과 같은 원칙을 사용하였다. 첫째, 답변의 길이를 짧게 한다. 많은 인공지능 도구는 질문을 하면 긴 답변을 제공한다. 긴 답변이 더 많은 정보를 전달하지만, 그 정보를 학습해야 하는 입장에서는 긴 텍스트를 처리하는 것이 부담으로 작용한다. 정보만 제공하고 그치는 것이 아니라 학습자들이 이

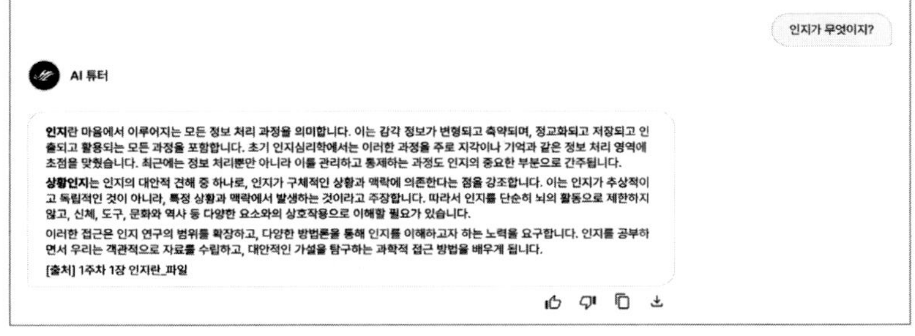

그림 7-7 질의응답 예시

---

1) 할루시네이션은 생성형 AI가 존재하지 않는 사실이 아닌 정보를 마치 진짜인 것처럼 만들어 내는 현상을 지칭한다.

해하고 소화할 수 있도록 하기 위해서 답변에서 제공하는 정보의 양을 조절하였다. 둘째, 예시 질문을 제공하지 않는다. 많은 인공지능 도구는 학습자가 질문하는 수고를 덜어 주기 위해 질문의 예시를 제공한다. 하지만 의미 있는 학습이 일어나기 위해서는 정보 제공은 학습자들이 궁금해하는 것에서 시작되어야 한다. 답을 찾는 것은 챗봇이 도와주어도 최소한 질문은 학습자들이 주도적으로 할 수 있도록 하기 위하여 예시 질문 없이 학생들이 궁금한 점을 질문하도록 하였다. 셋째, 학습자들은 챗봇의 답변에 대해서 피드백을 제공할 수 있다. 학습자들은 챗봇의 답변이 마음에 드는 경우와 그렇지 않은 경우 엄지손가락을 들거나 내려서 표시할 수 있었고, 구체적으로 어떠한 점에서 답변이 도움이 되었는지 또는 도움이 되지 않았는지를 서술하고 근거를 제공할 수 있도록 하였다([그림 7-8] 참고). 할루시네이션 등이 일어난 경우 학습자들은 피드백 기능을 사용하여 근거와 함께 보고할 수 있었다. 넷째, 학생들의 질의응답 내역을 학교 시스템에 저장하여, 필요한 경우 교수자가 검토할 수 있도록 하였다(학생들이 시스템을 사용하기에 앞서, 개인정보 사용 및 연구/개발 목적을 위한 정보 저장과 활용에 대해서 고지받고 동의를 하는 절차를 진행하였다).

학생들의 챗봇 사용을 촉진하기 위하여 질의응답 내용을 매주 제출하도록 하였고, 학습한 내용을 바탕으로 일련의 성찰 질문(예: "이번 주 수업 내용이 지난주 수업 내용과 어떻게 관련됩니까?")에 답변하도록 하였다. 이 과정에서 중점을 둔 것은 학생들이 성찰 질문에 '정답'이 있고 이를 찾아야 한다고 생각하지 않도록 하는 것이었다. 정

이 답변이 도움이 되었나요? ×

사실과 일치함 | 이해하기 쉬움

유용한 정보를 얻음 | 창의적인 답변

추가 의견이 있다면 자유롭게 남겨주세요.

0/500

제출

그림 7-8 피드백 화면 예시

답을 찾는 것이 아니라 궁금한 것을 자유롭게 질문하고 답변 내용을 검토하고 활용하는 것을 강조하였고, 과제를 성실하게 제출하였는지를 채점 기준으로 삼았다.

활용 평가

학교에서 실시하는 강의 평가에서 학생들은 AI 튜터 챗봇에 대한 긍정적인 의견과 부정적인 의견을 모두 피력하였다. "AI를 사용한 수업은 처음이었는데 이해하는 데 확실히 많은 도움이 되었습니다.", "AI 튜터로 과제를 진행한 것은 좋았습니다. 수업에서 잘 이해가 안 간 부분을 체크할 수 있어서 좋았습니다.", "AI를 이용해 학습하는 데 더 이해할 수 있게 되어 도움이 되었습니다."와 같은 긍정적인 의견이 다수 존재하였다. 반면, "튜터링이 도움이 되는 것인지 잘 모르겠습니다.", "AI 튜터가 오류가 잦아 개선이 필요한 것 같습니다.", "AI 튜터가 많이 어려웠습니다."와 같은 부정적인 의견도 존재하였다.

전반적으로 긍정적인 의견이 더 많이 제시되었지만 AI 챗봇이 개선되어야 할 부분도 여전히 발견되었다. RAG 기법을 사용하여 수업 자료를 학습시켰지만 할루시네이션이 여전히 보고되었다. 또한 개별 학생들에게 맞춤형으로 답변을 제공하거나 자연스러운 대화를 이끌어 가는 챗봇의 능력이 아직 부족하였다.

인공지능 시대에 인공지능 활용 능력이 중요하게 부각되고 있고, 협업 능력, 문제해결 능력이 강조되고 있지만 이들 능력을 제대로 발휘하기 위해서는 어느 정도의 전문지식 습득이 필수적이다. 지식을 습득하는 것이 중요한 수업의 경우 일차적으로 학습자가 이해에 어려움을 경험하는 수업 내용이나 개념에 대해서 지식을 맞춤형으로 제공할 수 있다. 하지만 이때 지식을 제공하는 것에 초점을 맞추는 것이 아니라 학습자가 해당 지식을 자신의 것으로 소화할 수 있도록 도와주는 것이 중요한데, 이를 위해서 학습자 스스로 먼저 질문하도록 하며, 학습자가 소화할 수 있는 분량과 수준의 답변을 제공하고, 학습자에게 챗봇의 답변에 대해서 반추하는 기회를 제공하는 것이 필요하다. 이러한 조건이 갖추어질 때 AI 튜터/챗봇은 지식 전달을 넘어 학습자 중심의 이해·정착을 돕는 정교한 학습 도우미로 자리매김할 수 있을 것으로 보인다.

5) AI 보조 짝 프로그래밍 교육

수업 소개 및 타깃 핵심역량: 디지털 · 데이터 · AI 리터러시와 협업

스마트폰, CCTV, 블랙박스 등 우리가 일상에서 사용하는 기기들은 매 순간 방대한 양의 영상을 만들어 낸다. 한림대학교 소프트웨어학부의 〈영상처리프로그래밍〉은 이렇게 쏟아지는 영상 데이터 속에서 **의미 있는 정보를 찾아내고, 눈에 보이지 않던 패턴을 시각적으로 분석하는 법**을 배우는 수업이다.

학생들은 디지털 영상이 어떻게 만들어지고, 어떻게 손상되며, 어떻게 복원될 수 있는지를 실험을 통해 익힌다. 화소 단위의 세밀한 처리에서부터 이미지의 기하학적 변형, 주파수 영역 분석, 그리고 기계학습과 딥러닝을 이용한 영상인식까지, 한 장의 이미지가 데이터로 변하는 전 과정을 직접 다뤄 본다. 프로그래밍 언어는 파이썬(Python)을 사용한다. 수업에서는 Pillow, Scikit-image, OpenCV 같은 영상 처리 도구와 TensorFlow, Keras 같은 인공지능 라이브러리를 함께 활용한다. 이 과정을 통해 학생들은 단순히 코드를 배우는 것을 넘어, 영상 속에 숨어 있는 정보와 의미를 읽어 내는 **디지털 시각**을 기르는 법을 배운다.

기존 수업 운영과의 차이점

기존 프로그래밍 수업은 개별 학습이나 학생 간의 짝 프로그래밍에 의존해 왔다. 리우와 챈(Liu & Chan, 2006)의 연구에 따르면, 초보자끼리의 짝 프로그래밍도 단독 학습 대비 생산성과 코드 품질 면에서 유의미한 향상을 보였다. 그러나 이러한 방식에도 한계는 존재한다. 복잡한 개념이나 고급 기법을 다루는 경우 초보자끼리의 조합은 비효율적일 수 있으며, 경험자와 초보자의 이상적인 조합을 구성하는 것이 현실적으로 어렵다는 문제도 제기되었다(Zhong, 2017).

AI 조교나 보조 기법이 짝 프로그래밍에 도입되면서 새로운 가능성과 도전이 함께 드러나고 있다. 팬 등(Fan et al., 2025)은 AI 보조 짝 프로그래밍이 학습 동기를 높이고 불안을 완화하는 긍정적 효과를 보고했으나, 사회적 상호작용 측면에서는 인간 짝이 여전히 우위에 있다고 지적한다. 마 등(Ma et al., 2023)은 두 방식 간의 효과 차이가 연구마다 일관되지 않음을 보여 주었고, 웰터 등(Welter et al., 2025)은 AI 제안에 대한 비판적 검토 수준이 낮아 무비판적 수용의 위험이 존재한다고 경고했다. 그렇기 때문에 AI 보조 짝 프로그래밍은 잠재적인 학습 지원 수단이지만, 학생들이 AI 제안을 무비판적으로 받아들이지 않도록 유도하고, 인간 상호작용의 사회적 가치를 보완할 수 있는 설계가 필요하다.

한림대학교에서 진행한 AI 보조 짝 프로그래밍 수업에서는 챗지피티, 클로드, 제미나이 등 상용 AI 챗봇을 학습 파트너로 활용하였다. 이때 AI는 단순히 코드 검토자(navigator)의 역할을 넘어, 다음과 같은 차별화된 학습 경험을 제공한다. 첫째, 코드 오류에 대해 즉각적이고 비판단적인 피드백을 제공하여 학생들이 시행착오에 대한 부담 없이 적극적으로 학습에 참여하게 한다. 둘째, 다양한 해결 전략과 대안을 제시하고 어려운 개념을 반복적으로 설명해 주는

24시간 맞춤형 튜터로 기능한다. 셋째, AI가 제공하는 해답이 항상 완벽하지 않다는 점을 역이용하여, 학생들이 AI의 결과물을 검증하고 개선하는 과정에서 비판적 사고를 기르도록 유도한다. 이처럼 AI는 기존 동료 학습자가 제공하기 어려운 수준의 세밀하고 상시적인 안내를 제공하며, 짝 프로그래밍의 교육적 효과를 새로운 차원으로 확장시켰다.

활용 내용

〈영상처리프로그래밍〉 과목은 영상의 기하학적 변환, 컨볼루션 연산, 머신 러닝 등 복잡한 수학적 개념과 실제 코드 구현이 결합되어 AI 보조 학습의 효과를 종합적으로 관찰하기에 적합했다. 2025년 봄 학기 수업에 참여한 37명의 학생들은 학습 과정 전반에 걸쳐 상용 AI 챗봇을 자유롭게 활용했다. 학생들은 AI를 '짝'으로 삼아 다음과 같은 활동을 수행했다.

1. **알고리즘 구현 보조**: 픽셀 기반 변환, 기하학적 변환, 컨볼루션 연산, k-최근접 이웃(k-NN) 등 복잡한 수학적 개념을 코드로 구현하는 과정에서 AI의 도움을 받아 이론과 실제 구현 사이의 간극을 효과적으로 메웠다.

2. **디버깅 파트너**: 코드 오류 발생 시 AI에게 즉각적으로 질문하고 해결책과 대안을 제시받았다. 이를 통해 반복적인 디버깅 과

정에서 느끼는 좌절감을 줄이고 학습 지속력을 높였다.

3. **개념 학습 및 탐색**: 이해가 부족한 개념에 대해 AI에게 반복적으로 설명을 요청하고, 다양한 관점의 해결 전략을 제안받으며 사고를 확장하는 파트너로 활용했다.

4. **프로젝트 수행**: 학기 말 PyQt5 기반 GUI 통합 프로젝트에서 이론을 실제 프로그램으로 통합하는 복잡한 과정 전반에 걸쳐 AI의 지원을 받았다.

중요한 점은 AI를 절대적인 '정답 제공자'가 아닌, 탐색을 촉진하고 사고를 확장시키는 '보완적 동반자'로 활용하도록 안내한 것이다. 학생들은 AI가 제시한 코드를 그대로 사용하는 것이 아니라, 그 불완전성을 인지하고 비판적으로 검증 및 개선하는 과정을 통해 능동적 학습을 수행했다.

활용 평가

학기 말 37명의 학생을 대상으로 실시한 설문 조사 결과, AI 보조 짝 프로그래밍의 긍정적 효과와 함께 잠재적 우려도 확인할 수 있었다(Cho & Park, 2025).

1. **긍정적 평가**: 가장 두드러진 변화는 학습 몰입도의 증가였다.

학생들은 AI의 즉각적인 피드백 덕분에 오류 수정 과정에서 좌절감을 덜 느꼈으며, 특히 반복적인 디버깅에서 AI의 설명과 대안이 학습을 지속하게 하는 중요한 요인으로 작용했다고 응답했다. 또한 초보자들이 흔히 겪는 '첫 번째 오류'에 대한 심리적 부담감이 크게 감소하여, 시행착오를 통한 학습에 더 적극적으로 참여하게 되었다. 복잡한 알고리즘 구현에서도 AI의 도움이 매우 유용했다는 평가가 많았다.

2. **부정적 평가 및 우려**: 반면, 일부 학생들은 독립적인 문제해결 능력의 저하를 우려했다. 기초적인 문법이나 로직 구성에서 AI에 과도하게 의존하는 경향이 나타났으며, AI가 제공하는 '즉석' 해답이 깊이 있는 사고 과정을 생략하게 만들 수 있다는 지적이 제기되었다. 문제해결을 위한 고민과 시행착오가 줄어들면서 근본적인 역량 향상에 대한 의문이 남았다. 또한 AI의 해법이 정형화되어 있어 학생 고유의 창의적 접근 방식 개발을 저해할 수 있다는 우려도 있었다.

AI 보조 프로그래밍 교육은 학습 접근성과 효율성 면에서 분명한 장점을 보여 주었다. 하지만 이 방식이 성공적으로 안착하려면 학습자의 능동적 참여와 비판적 사고가 전제되어야 한다. AI는 교육의 '대체재'가 아닌 '보완재'로 기능할 때 가장 효과적이며, 기술 도입 자체보다 인간 학습자의 주체성과 사고력을 신장시키는 교육 목표의 명확화가 더 중요하다. 앞으로의 교육 설계는 기술적 편의성과 깊이 있는 사고 및 독립적 문제해결 능력 함양이라는 교육적 목표 사이에서 균형점을 찾는 것이 핵심 과제가 될 것이다. AI 시대의 교육은 "무엇을 가르칠 것인가?"를 넘어 "어떻게 생각하도록 도울 것인가?"에 대한 근본적 성찰을 요구한다.

6) 전용 AI 수학 튜터를 활용한 선형대수 실습 교육

수업 소개 및 타깃 핵심역량: 수학적 사고력, 과정 중심 문제해결, AI 활용 기반 자기 주도 학습

AI 보조 짝 프로그래밍이 범용 챗봇을 활용해 새로운 가능성을 보여 주었다면, 또 다른 시도는 특정 교과목에 특화된 전용 AI 튜터 개발이었다. 2025년 가을 학기부터 한림대학교는 기초 필수 과목인 〈선형대수〉를 대상으로 AI 기반 전용 튜터를 실습 과정에 정식 도입하였다(한림대학교 AI융합연구원, 2025년 9월 25일). 〈선형대수〉는 다양한 학문 분야와 산업 현장에서 활용 수요가 높아 수강생 규모가 크고, 여러 교수가 분담해 가르치는 과정에서 학습 경험의 일관성을 유지하는 것이 과제로 지적되어 왔다. 특히 교수자에 따라 손풀이 위주로 지도하거나, 파이썬을 병행하는 등 수업 방식의 차이가 존재하는데, 전용 AI 튜터는 이러한 다양성을 포괄적으로 지원하도록 설계되었다.

기존 수업 운영과의 차이점

기존 〈선형대수〉 수업은 강의와 시험 위주로 운영되며, 교수자별 스타일 차이가 학습 편차로 이어졌다. 범용 챗봇은 보조적 학습 도구로 활용될 수 있었지만, 교재와의 정합성이나 풀이 과정 추적에는 한계가 있었다. 반면, 전용 튜터는 교과 과정에 맞춘 문제 은행과 학습 데이터를 기반으로, 풀이 과정을 실시간으로 인식·분석하고 단계별 피드백을 제공한다. 패드 입력과 종이 업로드 방식을 모두 지원하며, 파이썬 환경에서도 알고리즘 구현과 연산 검증을 가능하게 하여 두 가지 학습 방식을 자연스럽게 연결한다.

활용 내용

전용 AI 수학 튜터는 단순히 정답을 제공하는 데 그치지 않고, **과정 중심 학습**을 지원한다. 패드를 가진 학생이 화면에 펜으로 풀이를 입력하면, 시스템은 과정을 실시간으로 인식해 화면에 표시한다. 이때 오인식되거나 학생이 잘못 적은 부분은 즉시 수정할 수 있다. 패드가 없는 학생은 종이에 푼 답안을 사진으로 업로드하여 활용할 수 있으며, 풀이 도중 필요할 경우 힌트를 요청하면 단계별 안내를 받아 사고 과정을 이어 갈 수 있다. 또한 파이썬 환경에서는 알고리즘 구현과 연산 과정을 검증해 주어, 손풀이와 프로그래밍 기반 풀이를 자연스럽게 연결한다.

범용 챗봇은 자유로운 대화와 응용에서는 유용하지만, 교재와의 정합성이나 풀이 과정을 세밀히 추적하는 데에는 한계가 있다. 이에 비해 특정 교과목을 위해 문제 은행과 학습 데이터를 기반으로 설계된 전용 튜터는, 학습자의 **사고 흐름을 진단하고 보완하는 기능**에서 차별적 장점을 지닌다.

활용 평가

현재까지는 학기 초·중반의 **초기 반응**만 수집된 상태이다. 그럼에도 학생들은 전용 튜터가 선형대수 학습에 집중할 수 있게 해 주었으며, 즉각적인 피드백 덕분에 교수자나 조교에게 반복적으로 질문해야 하는 부담이 줄었다고 응답했다. 펜 입력이나 파이썬 실습 과정 자체가 몰입을 높였다는 긍정적 반응도 있었다. 그러나 **디지털 기기 보유 여부에 따른 격차**는 중요한 문제로 드러났다. 패드를 가진 학생들은 실시간 상호작용으로 풍부한 경험을 누린 반면, 종이 업로드 방식에 의존한 학생들은 피드백 지연으로 학습 흐름이 끊기는 불리함을 겪었다. 학기 종료 후에는 학습 성과와 태도 변화를 포함한 **체계적 분석 연구**가 진행될 예정이다.

이번 시도는 국내에 그치지 않고, 독일 오스트팔리아대학교(Ostfalia University)와 인도네시아 자카르타국제대학교(Jakarta International University: JIU)가 같은 학기에 이 시스템을 도입하면서 국제적 확산 가능성을 보여 주었다. 동시에 교수자의 역할도 변화하고 있다. 반복적 과업은 AI가 담당하면서, 교수자는 고차원적 사고 지도, 창의적 문제해결 안내, 메타인지 촉진 등 보다 핵심적인 교육 활동에 집중할 수 있게 되었다. 이 사례는 범용 챗봇이 일정 수준의 학습 지원을 제공할 수 있음을 보여 주는 동시에, 교과목 특성과 교수법을 반영한 맞춤형 설계가 병행될 때 비로소 AI가 교육 현장에 깊이 뿌리내릴 수 있음을 시사한다. 궁극적으로 AI는 단순한 자동화 수단이 아니라, 학습자의 **사고 과정을 지원하고 자기 주도적 성장을 촉진하는 교육적 파트너**가 되어야 한다.

이 장에서는 AI 시대의 교육 공백과 제도적 한계 속에서 한림대학교가 어떤 방식으로 대응하고 있는지를 살펴보았다. 먼저 현실적인 고민에서 출발한 **AI 동반자 구상**의 배경을 짚고, 이어서 교수와 학생을 지원하는 **AI 조교 · 튜터 · 어드바이저 · 교수 모델**의 철학과 설계 원리를 살펴보았다. 또한 챗지피티, 제미나이, 노트북LM 등 **상용 AI 도구를 수업에 결합한 사례**를 통해 기술이 교실의 일상과 만나는 방식을 구체적으로 살펴보았으며, 한림대학교가 직접 개발한 **AI 수학 튜터**를 실습 수업에 적용한 사례를 통해 기술이 단순한 보조를 넘어 학습 구조를 새롭게 설계하는 시도로 확장되고 있음을 확인했다. 한림대학교의 시도는 완성된 해답이 아니라 열린 실험이다. 이는 한국 대학이 나아가야 할 하나의 길을 보여 주는 시작점이며 결론에서는 이러한 논의를 토대로 미래 교육을 향한 구체적인 제안과 방향을 모색한다.

결론

미래 교육을 향한 제언-
핵심 권고안

교육의 대전환기에 앞으로의 대학교육이 나아갈 바를 찾는 것은 쉬운 작업이 아니다. 인공지능은 아직 진화 중이고 이에 대한 대응 또한 발맞추어 변화할 것으로 예상된다. 이 책의 목적은 현재까지 인공지능을 대학 및 수업 차원에서 어떻게 활용할지 고민하는 과정에서 얻어진 경험과 통찰을 공유하여 현 단계에서 대학이 어떤 방향으로 나가야 할지를 제시하는 것이다. 앞선 장의 논의를 바탕으로 미래 교육을 위한 핵심 권고안은 다음과 같다.

1 미래 인재상을 구체화하라

인공지능의 빠른 발전과 함께 미래에 요구되는 인재상에 많은 변화가 예상된다. 이러한 시대적 흐름 속에서 대학교육은 미래 사회가 요구하는 창의적이고 혁신적인 인재를 양성하는 데 초점을 맞추어야 하지만, 이와 동시에 윤리 의식을 갖춘 비판적 시민의 양성이라는 전통적인 교육 철학과 가치가 조화를 이룰 수 있어야 한다. 창의적 문제해결 능력, 협력과 소통 능력, 글로벌 마인드, 인성 및 책임감을 지닌 인재상은 대부분의 대학에서 추구하는 것이나, 앞으로의 사회가 요구하는 디지털 · 데이터 · AI 리터러시와 비판적 · 융합적 사고 역량을 반영하여 대학교육에서 추구하는 인재상의 모습을 보다 정교하게 구체화할 필요가 있다. 이러한 작업은 대학에 국한된 것이 아니라 초 · 중등 교육기관에서도 이루어져야 하는 작업이다.

2 대학교육의 큰 그림을 리디자인하라

인공지능 시대를 맞이하여 대학교육에서 무엇을 가르칠지에 대한 고민과 함께 변화를 촉구하는 요구도 커지고 있다. 어떤 변화를 어떻게 모색할 것인지에 대한 논의가 필요하다. 변화는 단기간에 가능하지 않고 장기적인 안목을 가지고 추진해야 하나, 우선적으로 대학 전체의 교과 과정 체계에 대한 검토가 필요하다.

첫째, 외국어 · 코딩 · 글쓰기 등 기존 기초교양 역량의 재설정 및 고도화가 필요하다. 예컨대, 지금껏 글쓰기 교육이 주로 교양 수준에서만 이루어졌으나, 앞으로는 전공과목에서도 글쓰기를 적극 도입하여, 학생들이 전문 지식을 체득함과 동시에 사고력과 표현력을 기를 수 있도록 지원해야 할 것으로 보인다. 외국어 교육의 경우,

단순한 언어 능력 향상을 넘어서 글로벌 소통 역량과 다문화 이해력을 함양하는 방향으로 확장할 필요가 있다. 코딩 교육 역시 프로그래밍 언어 습득에 그치지 않고, 논리적 사고력과 문제해결 능력을 기르는 도구로 활용되어야 할 것이다. 이러한 기초교양 역량들이 각 전공 분야와 유기적으로 연계될 때, 학생은 더 통합적 · 창의적인 사고를 키울 수 있다.

둘째, 전공교육의 융합적 재설계 및 이를 뒷받침할 지원이 필요하다. 대학은 학생들이 새로운 문제를 창의적으로 정의하고 해결하며, 기술을 윤리적으로 활용할 수 있도록 훈련하는 배움의 장으로 거듭나야 한다. 이를 위해서 특정 전문 영역의 지식과 기술 습득을 넘어 학제간 융합 역량, 협업 능력, 비판적 사고, 그리고 사회적 책임을 아우르는 통합적 교육이 필수적이다. 특히 전공교육에 AI 기술을 접목하고, 문제 기반 학습(PBL)을 적용하면서, 디지털 및 AI 리터러시를 체계적으로 습득할 수 있는 학습자 중심 및 융합형 교육이 더욱 강화되어야 할 것으로 보인다. 융합 교육, 전공선택 자유화, 개별 맞춤형 학습은 선택의 자유를 의미하지만, 선택의 자유가 늘어날수록 선택을 위한 학습과 의사결정에 대한 부담이 함께 증가한다. 따라서 학습자와 교수자가 경험할 혼란을 줄이고 방향성을 잡아 줄 구체적인 진로 안내와 로드맵 제공이 병행되어야 할 것으로 보인다.

셋째, 이러한 시도가 효과적이기 위해서는 학습자들에 대한 정확한 파악 및 진단이 우선되어야 한다. 인지적 능력과 더불어 동기, 호기심, 자기 주도성 및 소통 능력은 성공적인 대학교육을 위해서 학습자가 갖추어야 할 필수적인 소양이다. 최근 디지털 기기의 보편화와 미디어 의존도가 심화하면서 학생들의 문해력 저하 문제가 지속적으로 제기되고 있고, 학생들의 자기 조절 능력, 자율성 또한 종종 문제로 지적되고 있다. 보다 효과적인 대학교육을 제공하기 위해서는 대학 입학생들의 기초 학력 수준이나 학업 동기 수준에 대한 정확한 파악이 선행되어야 한다. 이를 위해서 수능이나 내신 성적뿐만 아니라 학생들의 기초 학력, 학습 동기 및 자기 주도 능력을 종합적으로 조사하고 분석할 필요가 있다. 그 결과는 학생들의 취약점과 강점을 파악할 수 있도록 도와주고 대학 전체의 교육 방향성과 모델을 수립하는 데 효과적으로 활용될 수 있다.

3 학습자 중심 교육 모형을 재편하고 학생들의 사고력 향상을 촉진하라

대학의 교수법은 그동안 주로 지식의 전달과 습득에 초점을 맞추어 왔지만, 이러한 교수법은 인공지능 시대에 점점 효과성을 잃어갈 것으로 예상된다. 문제 영역에 대한 심화된 전문 지식을 바탕으로 현실 문제를 해결할 수 있는 사고력, 소통 능력, 주도성 등을 개발하는 것이 대학교육의 중요한 목표로 부각되고 있다. 이러한 역량을 기르기 위해서는 프로젝트 기반 학습, 개인 맞춤형 교육, 문제 해결 중심 교육, 창의력을 키울 수 있는 수업 방식을 도입하고 평가 방식을 다변화해야 한다.

인공지능 시대에 효과적인 교수 모형을 개발하는 것은 미래가 요구하는 인재상에 대한 통찰뿐만 아니라 학생들의 학습 방식과 동기에 대한 깊은 이해, 교수자들의 교육 철학에 대한 고려가 필수적이다. 전공별로 요구되는 지식과 사고 능력이 다르며, 교수자 개인의 교육 철학 또한 다양하다. 따라서 획일적인 교육 모델을 적용하기보다는 교수자의 자율성을 존중하고, 전공 특성을 반영한 다양한 교육 모형을 도입하는 것이 바람직하다. 대학별로 또는 수업 목표별로 핵심 교수 및 평가 모델을 개발하고 교수자들이 이를 개별 수업 맥락 속에서 맥락화하는 것이 필요하다.

대학에서 진행되는 다수의 수업에서 인공지능을 사용하여 질문을 하고 과제에 활용하는 것이 일상화되고 있고, 이러한 추세가 증가할 것으로 예상된다. 학생들의 인공지능 활용 능력을 기르는 것이 중요하지만, 더 중요한 것은 그 과정에서 학생들이 대학교육에서 지향하는 핵심역량(예: 비판적 사고, 창의적 문제해결)을 습득할 수 있도록 하는 것이다. 이는 인공지능 활용법이나 프롬프트 엔지니어링을 가르치는 것만으로는 달성할 수 없다. 학생들에게 무분별하게 인공지능을 사용하도록 하는 것은 이들의 사고력을 기를 수 있는 기회를 박탈할 수 있기 때문이다. 필요하다면 특정 수업이나 학습 단계에서 인공지능 도구의 사용을 제한하는 것이 바람직할 수 있다. 또한 학생들이 인공지능에게 학습 활동 및 사고를 외주하지 않도록 스스로 생각하는 과정에서 인공지능을 보조적으로 쓰게끔 수업과 과제를 리디자인하는 것이 필수적이다.

인공지능 기반 교육의 확산과 함께, 그 효과성을 객관적으로 측정하고 분석하는 것이 중요하다. 인공지능 교육이 학습자들에게 긍정적인 영향을 미치는지, 교육 목표를 달성하는 데 효과적인지를 정교하게 평가할 필요가 있다. 지식에 치중한 평가가 아니라 문제해결 능력, 창의성 등의 요소를 측정할 수 있도록 설계하고 대조군 연구를 통해 인공지능을 활용한 학습자와 그렇지 않은 학습자의 성과를 비교하며 프로젝트 및 과제 평가에서 인공지능 활용도가 학습 결과에 미치는 영향을 분석하는 것이 필요하다. 또한 인공지능 도구 사용 시간, 빈도, 지속 시간 등을 분석하여 학생들의 인공지능 도구 사용 패턴을 알아보는 것이 요구된다. 정량적 평가와 함께 정성적 평가 역시 필수적인데, 교수자 및 학생 대상 인터뷰와 설문을 통해 인공지능이 학습과 동기부여, 학습 태도에 어떻게 영향을 미치는지 심층적으로 알아볼 필요가 있다. 마지막으로, 사회적 · 윤리적 영향 분석을 통해 인공지능 활용이 정보 윤리 의식, 인공지능 과신(overreliance) 등의 문제를 야기하는지 점검할 필요가 있다. 다층적이고 다면적인 평가를 통해 인공지능 교육이 학습 목표 달성에 실질적으로 기여하는지 검증하고, 보다 체계적인 성과 평가 모델을 구축하는 것이 가능해질 것으로 기대된다.

4 AI를 맥락에 맞게 사용하고 가이드라인을 제공하라

제6장에서 살펴보았듯이 인공지능 시대 각 대학은 적극적 수용,

신중한 실험, 경계 및 저항 등 저마다 다른 전략적 선택을 하고 있다. 대학은 각자의 교육 철학과 제도적 조건, 문화적 맥락을 고려하면서 동시에 현실적 여건에 맞는 선택을 해야 한다. 하버드대학교 〈CS50〉의 AI 조교 사례처럼(제6장 참고), 성공적인 AI 활용은 단순히 도구를 추가하는 것이 아니라, 교육 철학, 수업 구조, 평가 방식까지 포함하는 총체적인 리디자인을 수반할 때 가능하다. 이 과정에서 일관된 원칙 아래에서 전공별 · 수업별 자율성을 허용하는 유연한 정책 거버넌스를 구축하는 것이 필요해 보인다.

다양한 인공지능 도구와 서비스들이 지속적으로 개발되고 있으며, 대학들도 단독으로 또는 기업과 협업하여 이 과정에 참여하는 경우도 있다. 인공지능 도구들은 기술의 논리를 따라 개발되지만, 교육 현장에서 활용할 때는 학습자에 대한 이해를 바탕으로 학습 과정에서의 적절한 활용 방식에 대한 고민이 필요하다. 궁극적으로 교육의 목적은 학생의 역량을 강화하는 것이고 인공지능은 학습 목표를 효과적으로 달성할 수 있도록 지원하는 역할을 해야 한다. 학습 목표에 따라서 인공지능을 적극적으로 사용하는 것이 학습 목표 달성에 필요한 경우도 있지만, 반대로 인공지능이 학습자가 해야 할 활동을 대신하여 오히려 학습을 방해할 수도 있다. 결국, 인공지능 도구의 사용은 단순한 기술적 측면을 넘어서 교육적 관점에서 그 적절성에 대한 검토와 개선이 필요한데, 기술적 우수성을 넘어, 교육적 목적과 사용 맥락에 대한 고려가 필수적이다.

인공지능은 대학교육에서 다양한 방식으로 활용이 가능하다. 교수자는 강의 자료 요약, 개념 설명, 퀴즈 생성 등의 목적으로 활용할 수 있으며, 학생들은 질문 응답, 논문 초안 작성, 번역 등의 지원을 받을 수 있다. 또한 연구 및 행정 담당자들은 데이터 분석, 문서 자동 생성, 이메일 작성 등의 업무에서 사용할 수 있다. 인공지능 기술이 아직 발달 초기이고 교육 분야에서 어떻게 사용되어야 하는지, 어떻게 사용되면 바람직한지에 대한 혼란이 존재한다. 구성원들의 효과적이고 윤리적인 인공지능 사용을 위해서는 이들 업무에서 반드시 지켜야 하는 지침(예: 개인정보 업로드하지 않기, 저작권 보호)과 더불어 생산적인 인공지능 활용을 위해서 고려할 점에 대한 안내를 제공하는 것이 현장에서의 혼란을 줄이는 데 기여할 것으로 보인다.

교수를 예로 들면, 수업 계획서에 과제에서 생성형 AI 사용이 가능한지 알리고 평가에 인공지능을 사용하는 경우 이를 고지하는 것을 고려할 수 있다. 또한 생성한 콘텐츠의 내용과 진실성을 검토하고 책임 있게 사용하는 것은 물론 그 과정에서 개인정보 및 저작권 보호가 준수될 수 있도록 학생들에게 안내하는 것도 필요하다. 학생들의 경우, AI 사용이 허용된 수업이나 상황에서도 어떤 작업을 하는 데 어떻게 AI 도구를 사용했는지를 밝히고, AI의 답변을 검증하고 비판적으로 사고해야 하며, 도구를 사용할 때 최종적인 책임은 본인이 져야 한다는 것을 명확하게 이해할 필요가 있다. 행정 담당자 또한 행정 서비스 제공에 있어 AI 도구 사용 유무와 활용 범위를 고지하고, 개인정보가 보호될 수 있도록 사용하는 것이 필요하다. 궁극적으로 창의적인 도구 개발과 사용을 저해하지 않으면서 저작권과 개인정보를 보호하고 책임 있는 사용이 가능하도록 해야 하는데, 대학 차원의 공통된 가이드라인 제정을 위해서 구성원의 의견을 듣고 반영하는 과정이 선행되어야 할 것으로 보인다.

5 학습자와 교육자 모두의 AI 리터러시를 향상시키라

AI 기술의 효과적인 활용을 위해서는 대학 전 구성원의 AI 리터러시 함양이 중요하다. 교수진과 학생, 직원들 모두 AI 기술의 기본 원리와 한계를 이해하고, 이를 비판적 · 윤리적으로 활용하는 역량을 길러야 한다. AI가 생성한 정보의 신뢰성을 평가하고, 데이터 편향성이나 알고리즘의 한계를 고려할 수 있는 능력을 갖추는 것이 필수적이다.

학생들의 경우 정규 커리큘럼을 통한 AI 리터러시 교육과 더불어, 단순한 도구 사용법이 아닌 사고하는 법을 가르치는 것에 중점을 둘 필요가 있다. 또한 전공 분야별 AI 활용 교육을 강화하여 실무 역량 개발로 연결될 수 있도록 하는 것이 중요하다. 이를 위해서는 독립된 수업에서 AI 리터러시를 교육하는 것에 그치지 않고, 전공 수업에서 AI 기반 프로젝트 수업을 적극 도입하여, 학생들이 이론과 실무 역량을 동시에 높일 수 있는 기회를 확대하는 것이 필요하다.

교직원의 AI 리터러시 함양 또한 매우 중요한데, AI 리터러시 함양을 통해서 업무 효율성을 향상시킬 수 있다. 교수들의 경우 강의자료를 만드는 것부터 문제 출제, 채점 등의 영역에서 AI 도구를 사용하여 업무 효율성을 높일 수 있다. 직원들 또한 보고서 작성과 학생 응대에 들어가는 작업을 효율화시킬 수 있다. 또한 교직원의 향상된 AI 리터러시는 교수법과 행정 혁신에 기여할 수 있다. 교수의 AI 리터러시는 기존 교수 활동을 혁신하고 새로운 수업 활동을 설계할 수 있는 바탕이 된다. 직원의 AI 리터러시는 데이터 분석과 행정 혁신의 밑거름이 될 수 있다. 대학 내에서 축적된 교수학습, 행정 등과 관련된 데이터를 체계적으로 데이터베이스화시키면, 이 축적된 자료를 기반으로 미래 비전 또는 교육계획을 수립하는 데 활용할 수 있을 것이다.

AI 기술은 이제 선택의 문제가 아니라, 교육의 새로운 환경 조건이 되었다. 앞서 제시한 다섯 가지 권고안은 인공지능 시대의 대학이 무엇을, 어떻게, 누구와 함께 가르칠 것인가에 대한 방향성을 제시한다. 각 대학은 저마다의 역사, 재정, 지역, 전공 구조, 그리고 교육 철학을 가지고 있고 처한 환경마다 인공지능 시대에 어떻게 대응할지 또한 달라질 수밖에 없다. 대학들은 인공지능 기술을 단순히 도입하는 데 그치지 말고 이를 대학의 존재 이유를 다시 묻는 기회로, 교육의 본질을 되살리는 촉매로 삼아야 한다. 각 대학이 자신이 처한 맥락에서 이러한 변화를 설계하고 실천할 때, 우리는 비로소 'AI 시대의 대학'이 아닌, 'AI와 함께 인간다움을 확장하는 대학'을 만들 수 있을 것이다.

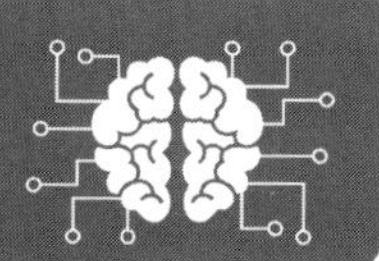

참고문헌

제1장 · 똑똑한 AI, 생각하지 않는 대학생

김강한(2025년 8월 5일). 한국 '소버린 AI' 만들 국가대표 5팀 뽑았다. 조선일보. https://www.chosun.com/economy/tech_it/2025/08/05/QNNBN6NYYRG27IULDUFVGA6GXI/

김남영(2022년 3월 13일). 서울대, 신입생 1500명 글쓰기 평가… "문해력 키울 것". 한국경제. https://www.hankyung.com/article/2022031317111

김영주(2022년 9월 4일). "제품인가 창작품인가"…美 미술전 우승 AI그림에 커지는 논쟁. 중앙일보. https://www.joongang.co.kr/article/25099346

아라이 노리코(2018). 대학에 가는 AI VS 교과서를 못 읽는 아이들: 인공지능 시대를 위한 교육 혁명. 해냄.

이연정(2022년 3월 24일). 요즘 대학생들의 문해력 무엇이 문제인가? 동아일보. https://www.donga.com/news/Society/article/all/20220323/112490474/1

이호길(2025년 1월 1일). [신년기획] K-테크 경쟁력 강화 열쇠는 '첨단 기술'… 스마트팩토리 · AI 대거 적용. 전자신문. https://www.etnews.com/20241226000358

정남숙(2024). ChatGPT가 대학생의 영어 작문 능력과 인식에 미치는 영향. *Multimedia-Assisted Language Learning*, *27*(1), 78-94.

한국교육과정평가원(2024). 2023년 국가수준 학업성취도 평가 결과.

https://www.moe.go.kr/boardCnts/viewRenew.do?boardID=294&boardSeq=99138&lev=0&searchType=null&statusYN=W&page=1&s=moe&m=020402&opType=N

Abbas, M., Jam, F. A., & Khan, T. I. (2024). Is it harmful or helpful? Examining the causes and consequences of generative AI usage among university students. *International Journal of Educational Technology in Higher Education*, *21*(1), 10.

Bašić, Ž., Banovac, A., Kružić, I., & Jerković, I. (2023). ChatGPT-3.5 as writing assistance in students' essays. *Humanities and Social Sciences Communications*, *10*(1), 750. https://doi.org/10.1057/s41599-023-02269-7

Bastani, O., Bastani, A., Sungu, H., Ge, Ö., Kabakcı, R., & Mariman, R. (2025). Generative AI without guardrails can harm learning: Evidence from high school mathematics. *Proceedings of the National Academy of Sciences of the United States of America*, *122*(26), e2422633122. https://doi.org/10.1073/pnas.2422633122

Carvajal, D., Franco, C., & Isaksson, S. (2024). Will artificial intelligence get in the way of achieving gender equality? *NHH Dept. of Economics Discussion Paper*, (03).

Contractor, Z., & Reyes, G. (2025). Generative AI in higher education: Evidence from an elite college. *arXiv preprint arXiv:2508.00717*.

Cowan, E. T., Schapiro, A. C., Dunsmoor, J. E., & Murty, V. P. (2021). Memory consolidation as an adaptive process. *Psychonomic Bulletin & Review*, *28*(6), 1796-1810.

Gerlich, M. (2025). AI tools in society: Impacts on cognitive offloading and the future of critical thinking. *Societies*, *15*(1), 6.

Gomstyn, A., & Jonker, A. (2025년 1월 18일). AI 리터러시: 인공 지능 기술 격차 해소. IBM. https://www.ibm.com/kr-ko/think/insights/ai-literacy

Hejtmánek, L., Oravcová, I., Motýl, J., Horáček, J., & Fajnerová, I. (2018). Spatial knowledge impairment after GPS guided navigation:

Eye-tracking study in a virtual town. *International Journal of Human-Computer Studies*, *116*, 15-24.

Kosmyna, N., Hauptmann, E., Yuan, Y. T., Situ, J., Liao, X. H., Beresnitzky, A. V., … & Maes, P. (2025). Your brain on ChatGPT: Accumulation of cognitive debt when using an AI assistant for essay writing task. *arXiv preprint arXiv:2506.08872*.

Krause, S., Dalvi, A., & Zaidi, S. K. (2025). Generative AI in Education: Student Skills and Lecturer Roles. *arXiv preprint arXiv:2504.19673*.

Luyten, H. (2022). The global rise of online chatting and its adverse effect on reading literacy. *Studies in Educational Evaluation*, *72*, 101101.

Maguire, E. A., Woollett, K., & Spiers, H. J. (2006). London taxi drivers and bus drivers: A structural MRI and neuropsychological analysis. *Hippocampus*, *16*(12), 1091-1101.

Mahapatra, S. (2024). Impact of ChatGPT on ESL students' academic writing skills: A mixed methods intervention study. *Smart Learning Environments*, *11*(1), 9.

Milberg, T. (2025, May). *Why AI literacy is now a core competency in education*. World Economic Forum. https://www.weforum.org/stories/2025/05/why-ai-literacy-is-now-a-core-competency-in-education

Miola, L., Muffato, V., Sella, E., Meneghetti, C., & Pazzaglia, F. (2024). GPS use and navigation ability: A systematic review and meta-analysis. *Journal of Environmental Psychology*, *99*, 102417.

Organisation for Economic Co-operation and Development. (2023). *PISA 2022 Results (Volume I): The State of Learning and Equity in Education*. OECD Publishing. https://doi.org/10.1787/53f23881-en

Sutrisman, H., Simanjuntak, R., Prihartanto, A., & Kusumo, B. (2024). The impact of using AI in learning on understanding of material by young students. *International Journal of Educational Research*, *1*(3), 24-32. https://doi.org/10.62951/ijer.v1i3.43

Urban, M., Dìchtìrenko, F., Lukavský, J., Hrabalová, V., Svacha, F., Brom, C., & Urban, K. (2024). ChatGPT improves creative problem-solving performance in university students: An experimental study. *Computers & Education*, *215*, 105031.

Wu, R., & Yu, Z. (2024). Do AI chatbots improve students learning outcomes? Evidence from a meta-analysis. *British Journal of Educational Technology*, *55*(1), 10-33.

Yilmaz, R., & Yilmaz, F. G. K. (2023). The effect of generative artificial intelligence (AI)-based tool use on students' computational thinking skills, programming self-efficacy and motivation. *Computers and Education: Artificial Intelligence*, *4*, 100147.

Zhai, C., Wibowo, S., & Li, L. D. (2024). The effects of over-reliance on AI dialogue systems on students' cognitive abilities: A systematic review. *Smart Learning Environments*, *11*(1), 28.

제2장 · 대학으로 들어온 AI: 대학의 혼란

교육부(2022). 교육분야 인공지능 윤리원칙. 교육부.

김종규, 원만희(2022). 미래 대학교양교육의 핵심영역으로서 '다중 문해력(Multi-Literacy)'. 동서철학연구, 104, 307-330.

김태주 외(2023년 2월 10일). "챗GPT에 과제 맡겼더니 A"… 개학 앞둔 대학 비상. 조선일보. https://www.chosun.com/national/education/2023/02/10/2PMQM6YIMZAAZKQI7ZJNM26IUM/.

김현주(2025년 8월 8일). "4억 줄게, 나가줄래?"…기업들 MZ세대까지 내치는 이유. 세계일보. https://www.segye.com/newsView/20250808500945

문상혁, 전율(2025년 11월 9일). 연세대 'AI 대규모 집단 커닝' 논란… "평가 방식 더 정교해야". 중앙일보. https://www.joongang.co.kr/article/25380666

윤재준(2025년 7월 14일). 선진국…AI로 취업 기회 줄어들기 시작했다. 파이낸셜뉴스. https://www.fnnews.com/news/202507141035544986

이성흠, 윤초희, 최상봉(2011). '학습윤리'에 대한 대학생의 인식: 중요도-실행도 차이 분석을 중심으로. 아시아교육연구, 12(4), 75-94.

한국교육학술정보원(2024). 생성형 AI를 활용한 교수학습 운영 가이드. 한국교육학술정보원.

AI에디터(2025년 8월 6일). 공부 못할수록 AI 더 많이 쓴다… 대학가 '챗GPT 의존' 심각한 수준. 지디넷코리아. https://zdnet.co.kr/view/?no=20250806224201

Beckingham, S., Lawrence, J., Powell, S., & Hartley, P. (2024). *Using generative AI effectively in higher education: Sustainable and ethical practices for learning, teaching and assessment* (1st ed.). Routledge. https://doi.org/10.4324/9781003482918

Dai, W., Lin, J., Jin, F., Li, T., Tsai, Y.-S., Gasevic, D., & Chen, G. (2023). *Can large language models provide feedback to students? A case study on ChatGPT*. https://doi.org/10.35542/osf.io/hcgzj

DeepMind. (2025, July 21). *Advanced version of Gemini with Deep Think officially achieves gold-medal standard at the International Mathematical Olympiad*. DeepMind Blog. https://deepmind.google/discover/blog/advanced-version-of-gemini-with-deep-think-officially-achieves-gold-medal-standard-at-the-international-mathematical-olympiad

Ellucian. (2024, October 22). *Ellucian's AI survey of higher education professionals reveals surge in AI adoption despite concerns around privacy and bias*. https://www.ellucian.com/newsroom/ellucians-ai-survey-higher-education-professionals-reveals-surge-ai-adoption-despite?utm_source=chatgpt.com

Farazouli, A., Cerratto-Pargman, T., Bolander-Laksov, K., & McGrath, C. (2024). Hello GPT! Goodbye home examination? An exploratory study of AI chatbots impact on university teachers' assessment practices. *Assessment & Evaluation in Higher Education*, *49*(3), 363-375. https://doi.org/10.1080/02602938.2023.2241676

Gottweis, J., & Natarajan, V. (2025, February 19). *Accelerating scientific breakthroughs with an AI co-scientist*. Google Research. https://research.google/blog/accelerating-scientific-breakthroughs-with-an-ai-co-scientist/

Gottweis, J., Weng, W.-H., Daryin, A., et al. (2025). Towards an AI co-scientist: A multi-agent AI system for scientific discovery. *arXiv. https://arxiv.org/abs/2502.18864*

Huang, Y., & Yang, L. F. (2025). Gemini 2.5 pro capable of winning gold at imo 2025. *arXiv preprint arXiv:2507.15855.*

Lodge, J. M., Howard, S., Bearman, M., Dawson, P., & Associates. (2023). *Assessment reform for the age of artificial intelligence.* https://www.teqsa.gov.au/sites/default/files/2023-09/assessment-reform-age-artificial-intelligence-discussion-paper.pdf

Luo (Jess), J. (2024). A critical review of GenAI policies in higher education assessment: A call to reconsider the 'originality' of students' work. *Assessment & Evaluation in Higher Education*, *49*(5), 651-664. https://doi.org/10.1080/02602938.2024.2309963

OpenAI. (2024, May 13). *Introducing GPT-4o: Real-time reasoning across text, audio, and vision.* OpenAI Blog. https://openai.com/index/introducing-gpt-4o

OpenAI. (2025, February 2). *Introducing deep research.* OpenAI. https://openai.com/index/introducing-deep-research/

Shermis, M. D., & Burstein, J. (Eds.). (2013). *Handbook of automated essay evaluation: Current applications and new directions.* Routledge/Taylor & Francis Group.

Team Gemini. (2025, January). *Gemini 2.0 Technical Report.* DeepMind. https://deepmind.google/discover/blog/gemini-2-0-technical-report

Tertiary Education Quality and Standards Agency. (2024). *Gen AI strategies for Australian higher education: Emerging practice.*

United Nations Educational, Scientific and Cultural Organization. (2021). *AI and education: Guidance for policy-makers.* UNESCO. https://doi.org/10.54675/PCSP7350

Weale, S. (2023. July 4). UK universities draw up guiding principles on generative AI. https://www.theguardian.com/technology/2023/

jul/04/uk-universities-draw-up-guiding-principles-on-generative-ai

제3장 · 대학교육의 목적을 다시 묻다

Aristotle. (2009). *Nicomachean ethics* (W. D. Ross, Trans.). Oxford University Press. (Original work published 4th century B.C.)

Bobbitt, F. (1918). *The curriculum*. Houghton Mifflin.

Braidotti, R. (2013). *The posthuman*. Polity Press.

Cooney, W., Cross, C., & Trunk, B. (1993). *From Plato to Piaget: The greatest educational theorists from across the centuries and around the world*. University Press of America.

Dennett, D. C. (2017). *From bacteria to Bach and back: The evolution of minds*. W. W. Norton & Company.

Dewey, J. (1916). *Democracy and education: An introduction to the philosophy of education*. Macmillan.

Kant, I. (1904). On pedagogy. In E. F. Buchner (Ed. & Trans.), *The educational theory of Immanuel Kant*. J. B. Lippincott Company.

Peters, R. S. (1967). *Ethics and education*. Allen & Unwin.

Peters, R. S. (2015). *Ethics and education* (Anniversary ed.). Routledge.

Plato. (2004). *Republic* (C. D. C. Reeve, Trans.). Hackett Publishing Company.

Zahidi, S., et al. (2023). *The future of jobs report 2023*. World Economic Forum.

제4장 · 흔들리는 시대, 대학생에게 진짜 필요한 것

강동휘(2023년 12월 11일). 한림대, 세인트존스대학 Great Books 프로그램 춘천포럼 개최. 강원일보. https://www.kwnews.co.kr/page/view/2023121116525221804

곽지영(2023). 영어교육의 AI 혁명: ChatGPT, Google Bard 활용법. iamSchool.

김국진(2024년 10월 15일). 한림대 · 춘천시, 세인트존스대학 튜터 초청 '청소년 GB 영어 세미나' 운영. 이뉴스투데이. http://www.enewstoday.co.kr/news/articleView.html?idxno=2186874

김종규, 원만희(2022). 미래 대학 교양교육의 핵심 영역으로서 '다중 문해력(Multi-Literacy).' 동서철학연구, 104, 307-330.

김혜경, 한수미(2021). AI 기반 영작문 학습도구에 대한 대학생 학습자 인식: Google Translate, Naver Papago, 그리고 Grammarly를 중심으로. 현대영어교육, 22(4), 90-100.

김혜정, 송현수, 박용주(2024). 인공지능 (AI) 윤리 규제 동향 및 표준화 현황. 인공지능윤리연구, 3(2), 6-33.

박윤수, 이유미(2021). 대학생의 AI 리터러시 역량 신장을 위한 교양 교육 모델. 정보교육학회논문지, 25(2), 423-436.

서주영, 신승훈(2024). 대학의 AI 리터러시 역량 함양을 위한 교양 교육 방법에 관한 사례 연구. *Journal of Digital Contents Society*, *25*(8), 2153-2164.

손혜숙(2022). 인공지능 윤리 의식 함양을 위한 대학 교양교육 방안 연구. 교양학연구, 21, 33-61.

아라이 노리코(2018). 대학에 가는 AI vs 교과서를 못 읽는 아이들(김정환 역). 해냄.

안효진, 김민아, 이상원(2023). 명저(Great Books) 읽기를 통한 고등학생 진로 탐색: 세인트존스(St. John's) 대학 모델 적용 비경쟁 토의 세미나 사례 연구. 생애학회지, 13(1), 71-91.

이도열, 장효경(2021). 전산 전공자의 노 코드 프로그램 사용 경험연구. 한국지식정보기술학회 논문지, 16(5), 1103-1112.

이소율, 이영준(2023). 노 코드 데이터 분석 도구를 활용한 정보 · 수학 · 과학 융합교육 교양 강좌가 대학생의 데이터 리터러시에 미치는 영향. 한국컴퓨터교육학회 학술발표대회논문집, 27(1), 331-332.

이용화, 이유정(2021). 세인트존스 칼리지의 세미나 모델을 적용한 교양 세미나 수업 개발 및 효과 검증. 교양교육연구, 15(2), 113-132.

이진화, 최윤덕, 성민창, 김혜영(2023). 자동채점 기반 영어 말하기 시험 현황 분석. 영어교육, 78(2), 223-244.

조미영, 한옥영(2022). 컴퓨터 비전공자의 AI 교육 과정 연구. 한국기계가공학회지, 16(3), 209-222.

최민수, 김현우(2024). 프로젝트 기반 학습 (PBL) 을 통한 AI 융합 체육 수업 개발 및 효과. 한국체육교육학회지, 29(3), 31-41.

최상덕(2018). OECD 교육 2030에 대하여. 행복한 교육. 교육부.

최원경(2021). 초등학생 대상 AI 챗봇 자동발음평가 적용 사례 연구. 영어평가, 16(2), 167-185.

최현목(2024년 6월 27일). [월간중앙] 글로컬대학을 가다 | AI 선도하는 한림대학교 최양희 총장의 교육혁신 스토리. 중앙일보. https://www.joongang.co.kr/article/25259414

한수미(2024). AI와 영어 교육. 커뮤니케이션북스.

한수미(2024년 9월 20일). 디지털 도구와 생성형 AI를 활용한 혁신적 교수학습 설계 및 사례[교수법 워크숍]. 동서대학교 교수학습센터. https://shorturl.at/nR1SJ

Arai, N. H., Todo, N., Arai, T., Bunji, K., Sugawara, S., Inuzuka, M., Matsuzaki, T., & Ozaki, K. (2017). Reading skill test to diagnose basic language skills in comparison to machines. In *CogSci*.

Berg, J., Snene, M., & Velasco, L. (2024). *Mind the AI divide: Shaping a global perspective on the future of work*. United Nations and International Labour Organization. https://www.ilo.org/publications/major-publications/mind-ai-divide-shaping-global-perspective-future-work

Brynjolfsson, E., & McAfee, A. (2014). *The second machine age: Work, progress, and prosperity in a time of brilliant technologies*. W. W. Norton & Company.

Han, S., & Kim, M. (2023, December 9). *Validating Python packages for text analysis in literary studies* [Conference presentation]. The Linguistic Society of Korea, Kyunghee University, Seoul, Korea.

Howe, R., Machado, L., & Sneddon, S. (2024). The ethical implications of generative artificial intelligence on students, academic staff, and researchers in higher education. In H. Crompton & D. Burke (Eds.),

Artificial intelligence applications in higher education (pp. 33-51). Routledge.

Kim, M., & Han, S. (2023). A case study on integrating machine translation into EFL writing instruction: Focusing on Google Translate. *Korean Journal of English Language and Linguistics, 23*, 1111-1135.

Lee, A. R. (2022). The effect of the project learning method on the learning flow and AI efficacy in the contactless artificial intelligence based liberal arts class. *Journal of The Korea Society of Computer and Information, 27*(8), 253-261.

Ng, W. (2012). Can we teach digital natives digital literacy? *Computers & Education, 59*(3), 1065-1078.

Organisation for Economic Co-operation and Development. (2019). *OECD future of education and skills 2030 conceptual learning framework*. concept note: OECD Learning Compass 2030. http://www.oecd.org/education/2030-project

Organisation for Economic Co-operation and Development. (2020). *What students learn matters: Towards a 21st century curriculum*. OECD Publishing. https://www.oecd.org/content/dam/oecd/en/publications/reports/2020/11/what-students-learn-matters_555a22ec/d86d4d9a-en.pdf

United Nations Educational, Scientific and Cultural Organization. (2019). *Beijing consensus on artificial intelligence and education*. https://unesdoc.unesco.org/ark:/48223/pf0000368303

United Nations Educational, Scientific and Cultural Organization. (2021). *Recommendation on the ethics of artificial intelligence*. https://unesdoc.unesco.org/ark:/48223/pf0000381137

제5장 · 대학의 AI 끌어안기: 교수·학습 및 평가 리디자인

김명희, 한지원, 유영의(2023). 인공지능(AI) 기반 맞춤형 학습 적용 수업

의 효과 및 참여자 인식에 대한 연구. 교육문화연구, 29(1), 137-159.

박종임, 최숙기(2023). 랜덤포레스트 알고리듬을 활용한 한국어 에세이 자동채점 모델 개발 연구. *Brain, Digital, & Learning*, *13*(2), 131-146.

성태제, 시기자, 최윤정(2024). 생성형 AI 시대, 교육의 변화와 교육평가의 향방. 교육평가연구, 37(1), 1-28.

신종호, 최재원, 박수영, 손정은, 황은경, 안수현, 김상일(2021). 대학 수업에서의 AI 기반 적응형 학습 시스템 활용에 관한 탐색적 연구. 교육정보미디어연구, 27(4), 1545-1570.

이상하, 노은희, 성경희(2015). 국가수준 학업성취도 평가 서답형 문항에 대한 자동채점의 실용성 분석. 교육과정평가연구, 18(1), 185-208.

이용상, 권태현, 김종민, 김현정, 신동광, 심우민, 임해미, 정혜경, 조규락(2024). 디지털시대의 인공지능과 교육. 학지사.

이용상, 최윤석, 이승현(2023). 한국어 논·서술 답안 자동채점 프로그램 PASTA-I 개발. 교육평가연구, 36(4), 711-730.

지미정, 오한나, 노명호, 권의선, 김영수, 이진원, 장희영, 소민영, 조보현(2024). 2022 개정 교육과정 평가, AI로 날개를 달다. 앤써북.

한수미(2024). AI와 영어 교육. 커뮤니케이션북스.

황은경, 신종호(2021). 대학 기초 과학 수업에서의 인공지능 기반 적응형 학습 시스템의 도입과 적용에 관한 탐색적 고찰-일반화학 수업 사례 중심으로. 교양교육연구, 15(6), 71-86.

Chan, C. K. Y., & Colloton, T. (2024). *Generative AI in higher education: The ChatGPT effect*. Routledge.

Du, H., Jia, Q., Gehringer, E., & Wang, X. (2024). Harnessing large language models to auto-evaluate the student project reports. *Computers and Education: Artificial Intelligence*, *7*, 100268. https://doi.org/10.1016/j.caeai.2024.100268

Fang, Y., Ren, Z., Hu, X., & Graesser, A. C. (2019). A meta-analysis of the effectiveness of ALEKS on learning. *Educational Psychology*, *39*(10), 1278-1292.

Johnson, D. W., & Johnson, R. T. (2009). An educational psychology success story: Social interdependence theory and cooperative learning. *Educational Researcher, 38*(5), 365–379.

Knowles, M. S. (1975). *Self-directed learning: A guide for learners and teachers*. The Adult Education Company.

Kokotsaki, D., Menzies, V., & Wiggins, A. (2016). Project-based learning: A review of the literature. *Improving Schools, 19*(3), 267–277.

Kuhlthau, C. C., Maniotes, L. K., & Caspari, A. K. (2015). *Guided inquiry: Learning in the 21st century*. Bloomsbury Publishing.

Looney, J. (2011). *Integrating formative and summative assessment: Progress toward a seamless system?* (OECD Education Working Papers No. 58). OECD Publishing. https://doi.org/10.1787/5kghx3kbl734-en

McGraw-Hill Education. (2015). *New Aleks student module: Reference guide*. https://www.aleks.com/highered/math/New_ALEKS_Student_Module_Reference_Guide.pdf

Mezirow, J. (2008). An overview on transformative learning. *Lifelong Learning*, 40–54.

University of Bristol. (n.d.). *Using AI in assessment*. https://www.bristol.ac.uk/bilt/sharing-practice/guides/guidance-on-ai/using-ai-in-assessment/

Wigfield, A., & Eccles, J. S. (2000). Expectancy-value theory of achievement motivation. *Contemporary Educational Psychology, 25*(1), 68–81.

제6장 · 세계 대학 사례 엿보기

김기석(2023년 4월 8일). 생성 AI(Generative AI)가 이끄는 대학교육의 미래. 대학신문. https://news.unn.net/news/articleView.html?idxno=544404

김세연(2024년 3월 17일). 생성형 AI '잘' 활용하는 사례는. 중대신문. https://news.cauon.net/news/articleView.html?idxno=40381

장하주(2024년 3월 18일). 챗GPT 기술 · 소크라테스 문답식 교수법 접목

한 '딥스킬', 유료화 성공. AI라이프경제. http://www.aifnlife.co.kr/news/articleView.html?idxno=22956

정다연(2023년 7월 12일). 이화여대, 챗GPT 등 생성형 AI 활용한 수업 및 학습 사례 공유. U'sLine. http://www.usline.kr/news/articleView.html?idxno=23078

Al-Maroof, R. S., & Salloum, S. A. (2024). *Artificial intelligence and the future of personalized learning: The case of Arizona State University*. ResearchGate. https://www.researchgate.net/publication/395241709_Artificial_Intelligence_and_the_Future_of_Personalized_Learning_The_Case_of_Arizona_State_University

Altman, R., Chen, Y-A., Elam, M., Frank, Z., Gallagher, S., Kalfayan, S., Rao, S., et al. (2025). *Report of the AI at Stanford Advisory Committee. Stanford University*. https://provost.stanford.edu/sites/g/files/sbiybj29391/files/media/file/ai-at-stanford-report.pdf

Arizona State University. (n.d.). *Teaching and learning with generative AI*. Office of the University Provost. https://provost.asu.edu/generative-ai?utm_source=chatgpt.com

Birks, D., & Clare, J. (2023). Linking artificial intelligence facilitated academic misconduct to existing prevention frameworks. *International Journal for Educational Integrity*, *19*(1), 20.

Bussgang, J. (2023, December 15). *Teaching at Harvard with an AI faculty co-pilot*. Medium. https://bussgang.medium.com/teaching-at-harvard-with-an-ai-faculty-co-pilot-c412d86de2e7

Fan, L., Deng, K., & Liu, F. (2025). Educational impacts of generative artificial intelligence on learning and performance of engineering students in China. *Scientific Reports*, *15*(1), 26521.

Harvard College Office of Undergraduate Education. (n.d.). *Generative AI guidance*. Harvard University. https://oue.fas.harvard.edu/faculty-resources/generative-ai-guidance/

Harvard University Office of the Provost. (n.d.). *Guidelines for using ChatGPT and other generative AI tools at Harvard*. https://provost.

harvard.edu/guidelines-using-chatgpt-and-other-generative-ai-tools-harvard?utm_source=chatgpt.com

Hou, I., Mettille, S., Man, O., Li, Z., Zastudil, C., & MacNeil, S. (2024, January). The effects of generative AI on computing students' help-seeking preferences. In *Proceedings of the 26th Australasian Computing Education Conference* (pp. 39-48). ACE 2024, Sydney, NSW, Australia. https://doi.org/10.1145/3636243.3636248

Inside Higher Ed. (2024, May 21). *Unpacking ASU's OpenAI partnership and faculty concerns*. https://www.insidehighered.com/news/tech-innovation/artificial-intelligence/2024/05/21/unpacking-asus-openai-partnership-and

Irvine Standard. (2024, May 7). *UCI launches new generative AI tool*. https://www.irvinestandard.com/2024/uci-launches-new-generative-ai-tool/

Kestin, G., Miller, K., Klales, A., Milbourne, T., & Ponti, G. (2025). AI tutoring outperforms in-class active learning: An RCT introducing a novel research-based design in an authentic educational setting. *Scientific Reports*, *15*(1), 17458.

Liu, R., Zhao, J., Xu, B., Perez, C., Zhukovets, Y., & Malan, D. J. (2024). Teaching CS50 with AI: Leveraging generative artificial intelligence in computer science education. In *Proceedings of the 55th ACM Technical Symposium on Computer Science Education* (SIGCSE 2024)(pp. 750-756). ACM. https://doi.org/10.1145/3626252.3630938

Liu, R., Zhao, J., Xu, B., Perez, C., Zhukovets, Y., & Malan, D. J. (2025). Improving AI in CS50: Leveraging human feedback for better learning. In *Proceedings of the 56th ACM Technical Symposium on Computer Science Education* (SIGCSE TS 2025). ACM. https://doi.org/10.1145/3641554.3701945

Lund, B. D., Lee, T. H., Mannuru, N. R., & Arutla, N. (2025). AI and academic integrity: Exploring student perceptions and implications for higher education. *Journal of Academic Ethics*, 1-21.

Massachusetts Institute of Technology Information Systems & Technology. (2024, April 3). IS&T publishes guidance for the use of generative AI. *MIT News*. https://ist.mit.edu/news/ai-guidance

Massachusetts Institute of Technology Information Systems & Technology. (2025). *Guidance for use of generative AI tools*. https://ist.mit.edu/ai-guidance

McDonald, N., Johri, A., Ali, A., & Collier, A. H. (2025). Generative artificial intelligence in higher education: Evidence from an analysis of institutional policies and guidelines. *Computers in Human Behavior: Artificial Humans*, *3*, 100121.

metaLAB at Harvard. (2023). *The AI pedagogy project*. https://aipedagogy.org/

MIT Information Systems & Technology. (2024, April 3). *Guidance for use of Generative AI tools*. Massachusetts Institute of Technology. https://ist.mit.edu/ai-guidance

MIT Sloan School of Management. (n.d.). *Policy & ethics*. https://mitsloanedtech.mit.edu/ai/policy/

Pirehpour, K. (2023, March 28). *Students explore ways to embrace AI tools in writing course*. Arizona State University. https://tech.asu.edu/features/artificial-intelligence-tools-asu

Pressman, A. (2024, February 27). *AI for MBAs? One Harvard Business School lecturer is giving it a shot*. The Boston Globe. https://www.bostonglobe.com/2024/02/27/business/harvard-business-school-ai-chatgpt/?utm_source=chatgpt.com

Princeton University. (2023). *Rights, rules, responsibilities: Academic regulations (Section 2.4.3)*. https://rrr.princeton.edu/students-and-university/24-academic-regulations

Princeton University, McGraw Center for Teaching and Learning. (2023). *Guidance on AI and ChatGPT in teaching*. https://mcgraw.princeton.edu/guidance-aichatgpt

Princeton University, Office of the Dean of the College. (2023). *Generative AI in teaching and learning fall 2023, faculty and student memo, fall 2023*. https://odoc.princeton.edu/about/official-deans-communications/2023/generative-ai-teaching-and-learning-fall-2023-faculty-and

Ryan, K. (2025, March 28). *New MBA course uses AI tools to help students stay on the pulse of AI*. Harvard Business School. https://www.hbs.edu/news/articles/Pages/mba-ai-course.aspx?utm_source=chatgpt.com

Sartor, G., & Lagioia, F. (2020). *The impact of the General Data Protection Regulation (GDPR) on artificial intelligence*. European Parliament.

Stanford Center for Teaching and Learning. (n.d.). *AI and your learning: A guide for students*. https://ctl.stanford.edu/aimes/ai-learning-guide-students

Stanford Newsroom. (2025, January 9). *Report outlines Stanford principles for use of AI*. https://news.stanford.edu/stories/ 2025/01/report-outlines-stanford-principles-for-use-of-ai

Stanford Office of Community Standards. (2023, February 16). *Generative AI policy guidance*. https://communitystandards.stanford.edu/generative-ai-policy-guidance

Stanford Teaching Commons. (n.d.). *Creating your course policy on AI*. https://teachingcommons.stanford.edu/teaching-guides/artificial-intelligence-teaching-guide/creating-your-course-policy-ai

State, L., Bringas Colmenarejo, A., Beretta, A., Ruggieri, S., Turini, F., & Law, S. (2025). The explanation dialogues: An expert focus study to understand requirements towards explanations within the GDPR. *Artificial Intelligence and Law*, 1-60.

The Harvard Crimson. (2023, September 1). *Harvard releases guidance for AI use in classrooms*. https://www.thecrimson.com/article/2023/9/1/fas-ai-guidance/

UCLA Digital & Technology Solutions. (2025, August 14). *Advancing AI at UCLA with OpenAI: Unlocking the future of intelligent innovation*. https://dts.ucla.edu/newsroom/openai

UCLA Newsroom. (2025, June 16). *Advancing AI at UCLA with OpenAI: Unlocking the Future of Intelligent Innovation*. UCLA Digital & Technology Solutions. Retrieved from https://dts.ucla.edu/newsroom/openai

University of Oxford. (n.d.). *Generative AI at Oxford*. https://www.ox.ac.uk/gen-ai

Zhai, C., Wibowo, S., & Li, L. D. (2024). The effects of over-reliance on AI dialogue systems on students' cognitive abilities: A systematic review. *Smart Learning Environments*, *11*(1), 28.

Zhang, A. H. (2025). The promise and perils of China's regulation of artificial intelligence. *Columbia Journal of Transnational Law*, *63*, 1.

제7장 · 한림대학교의 작은 걸음

이정환(2024년 11월 19일). 한림대, 생성형 AI 기반 'AI 도우미'와 'AI 조교' 1차 서비스 12월 오픈. 한국대학신문. https://news.unn.net/news/articleView.html?idxno=571269

한림대학교(n.d.). *Hallym Vision 2030+*. https://share.google/GayFcqfMGpthBkae2

한림대학교 AI융합연구원(2025년 9월 25일). 한림대, 선형대수 전용 AI튜터 도입 맞춤형 학습 지원 시작. 한림대학교 AI융합연구원 뉴스레터, 16. https://www.hallym.ac.kr/ai/4735/subview.do?enc=Zm5jdDF8QEB8JTJGYmJzJTJGYWklMkY4MDYlMkYzNzUxNDIlMkZhcnRjbFZpZXcuZG8lM0ZwYWdlJTNEMSUyNmZpbmRUeXBlJTNEJTI2ZmluZFdvcmQlM0QlMjZmaW5kQ2xTZXElM0QlMjZmaW5kT3Bud3JkJTNEJTI2cmdzQmduZGVTdHIlM0QlMjZyZ3NFbmRkZVN0ciUzRCUyNnBhc3N3b3JkJTNEJTI2

한수미, 김민지(2025). 생성형 AI 기반 영어학개론 수업 설계를 위한 기초연구. *ESP Review*, 7(1), 99-118.

Cho, H., & Park, S. H. (2025, September 22). *Impact of generative AI-*

assisted coding on cognitive learning outcomes in undergraduate programming education [Conference presentation]. World Engineering Education Forum & Global Engineering Deans Council Annual Conference 2025.

Fan, G., Liu, D., Zhang, R., & Pan, L. (2025). The impact of AI-assisted pair programming on student motivation, programming anxiety, collaborative learning, and programming performance: A comparative study with traditional pair programming and individual approaches. *International Journal of STEM Education*, *12*, Article 16. https://doi.org/10.1186/s40594-025-00537-3

Liu, K. M., & Chan, K. C. C. (2006). Pair programming productivity: Novice-novice vs. expert-expert. *International Journal of Human-Computer Studies*, *64*(9), 915-925. https://doi.org/10.1016/j.ijhcs.2006.04.010

Ma, Q., et al. (2023). Is AI the better programming partner? Human-human pair versus human-AI pair programming: A comparative study [Preprint]. *arXiv. https://arxiv.org/abs/2306.05153*

Shin, C., Seo, D. G., Jin, S., Lee, S. H., & Park, H. J. (2024). Educational Technology in the University: A Comprehensive Look at the Role of a Professor and Artificial Intelligence. *IEEE Access, 12*. https://doi.org/10.1109/ACCESS.2024.3447067

Welter, A., Schneider, N., Dick, T., Weis, K., Tinnes, C., Wyrich, M., & Apel, S. (2025). From developer pairs to AI copilots: A comparative study on knowledge transfer [Preprint]. *arXiv. https://arxiv.org/abs/2506.04785*

Zhong, B. (2017). Investigating the period of switching roles in pair programming. *Journal of Educational Technology & Society*, *20*(2), 220-232. https://www.jstor.org/stable/26196132

찾아보기

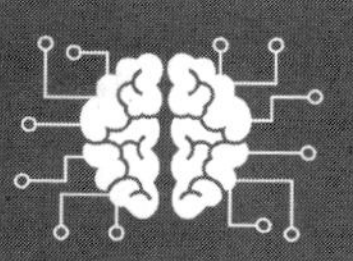

인명

내용

정혜선(Jeong, Heisawn)

서울대학교 심리학과 졸업(문학사)
서울대학교 심리학과 졸업(심리학석사)
University of Pittsburgh, U.S.(박사)
현) 한림대학교 사회과학대학 심리학과 교수

[대표 저서]

인지심리학 입문: 마음과 생각의 과학(사회평론아카데미, 2024)

테크놀로지를 활용한 협동학습 지원. 인공지능 총서(커뮤니케이션북스, 2019)(개정판 테크놀로지와 협동학습, 2022)

응용 인지심리학(공저, 학지사, 2018)

Mass collaboration and education(공저, Springer International, 2016)

[대표 논문]

진서연, 백서희, 정혜선(2025). 대학 프로젝트에서 학습자 어려움과 AI 지원 가능성 탐색: H 대학 사례를 중심으로. **교육정보미디어연구**, 31(4), 1765-1789.

정혜선(2020). 인공지능과 인지과학: 기회와 도전. **한국심리학회지: 일반**, 39(4), 543-569.

정지연, 정혜선(2021). 몰입형 가상현실 영어 회화 학습이 언어불안감과 학습 성취도에 미치는 영향. **한국콘텐츠학회지**, 21(1), 321-332.

Jeong, H., Hmelo-Silver, C. E., & Jo, K. (2019). Ten years of computer-supported collaborative learning: A meta-analysis of CSCL in STEM education during 2005-2014. *Educational Research Review, 28*, 100284.

Jeong, H., & Hmelo-Silver, C. E. (2016). Seven affordances of computer-supported collaborative learning: How to support collaborative learning? How can technologies help? *Educational Psychologist, 51*(2), 247-265.

박섭형(Seop Hyeong Park)

서울대학교 제어계측공학과 졸업(공학사)

서울대학교 대학원 제어계측공학과 졸업(공학석사)

서울대학교 대학원 제어계측공학과 졸업(공학박사)

현) 한림대학교 정보과학대학 소프트웨어학부 교수

한림대학교 대학원장 겸 AI융합연구원장

[대표 저서]

AI시대 대학교육의 미래(공저, 나남출판, 2024)

파이썬을 이용한 신호 및 시스템(한림대학교 출판부, 2021)

디지털 신호처리(한림대학교 출판부, 2020)

음성 웹 애플리케이션 구축을 위한 Voice XML(한빛미디어, 2001)

[대표 논문]

진서연, 오다영, 박섭형(2025). 고등교육 맥락에서 AI 튜터의 설계와 활용에 대한 체계적 문헌고찰. **2025 한국교육공학회 춘계학술대회 발표 자료집**, 417-424.

진서연, 오다영, 박섭형(2025). 생성형 AI 결합 수업 참여 대학생의 AI 활용 특성과 학습성과 변화. **2025 한국교육정보미디어학회 춘계학술대회 발표 자료집**, 141-149.

Xu, G. J., Pan, S., Sun, P. Z., Guo, K., Park, S. H., Yan, F., … & Wu, E. Q. (2025). Human-factors-in-aviation-loop: Multimodal deep learning for pilot situation awareness analysis using gaze position and flight control data. *IEEE Transactions on Intelligent Transportation Systems, 26*(6), 8065-8077. https://doi.org/10.1109/TITS.2025.3558085.

Pan, S., Xu, G. J., Guo, K., Park, S. H., & Ding, H. (2024). Cultural insights in souls-like games: Analyzing player behaviors, perspectives, and emotions across a multicultural context. *IEEE Transactions on Games, 16*(4), 758-769.

Pan, S., Xu, G. J., Guo, K., Park, S. H., & Ding, H. (2023). Video-based engagement estimation of game streamers: An interpretable multimodal neural network approach. *IEEE Transactions on Games, 16*(4), 746-757.

김여진(Yojin Kim)

서울대학교 윤리교육과 졸업(문학사)

University of South Carolina, U.S.(MSW)

University of Chicago, U.S.(사회복지학박사)

현) 한림대학교 사회과학대학 사회복지학부 교수

[대표 저서]

한국의 사회윤리-기업윤리 · 직업윤리 · 사이버윤리(공저, 철학과현실사, 2010)

[대표 논문]

이송월, 김여진, 조준용(2025). 중장년 남성의 가치관이 경제적 도움 요청 행동에 미치는 영향. **차세대융합기술학회논문지**, **9**(4), 1068-1081.

박란이, 김여진(2023). 이주배경노인의 건강정보이해능력 관련 요인. **노인복지연구**, **78**(4), 67-93.

김여진, 최유석(2021). 세대별 주관적 안녕감: 사회적 세대의 탐색적 비교연구. **한국콘텐츠학회 논문지**, **21**(5), 727-736.

Yoon, H. S., Kim, Y., Lim, Y. O., & Choi, K. (2018). Quality of life of older adults with cancer in Korea. *Social Work in Health Care, 57*(7), 525-547.

김여진(2017). 성인자녀와 부모의 기능적 세대연대와 세대별 차이. **한국인구학**, **40**(2), 33-56.

한수미(Sumi Han)

서울대학교 영어영문학과 졸업(문학사)

서울대학교 영어영문학과 졸업(영어학석사)

Northern Arizona University, U.S.(응용언어학박사)

현) 한림대학교 미래융합스쿨 디지털인문예술전공 겸 인문대학 영어영문학과 부교수

[대표 저 · 역서]

AI와 영어 교육(커뮤니케이션북스, 2024)

파이썬을 활용한 딥러닝 전이학습(공역, 위키북스, 2019)

[대표 논문]

이용원, 이연숙, 한수미(2025). AI 기반 영어평가 연구의 국내 동향과 과제: 종합연구 관점에서의 분석. **영어교과교육**, **24**(1), 95-123.

한수미, 김민지(2025). 생성형 AI 기반 영어학개론 수업 설계를 위한 기초 연구. *ESP Review, 7*(1), 99-118.

김수윤, 한수미(2024). 텍스트 마이닝을 활용한 역대 대통령 연설문에 나타난 정치적 담론 분석. **디지털콘텐츠학회논문지**, **25**(12), 3871-3884.

Kim, M., & Han, S. (2023). A case study on integrating machine translation into EFL writing instruction: Focusing on Google Translate. *Korean Journal of English Language and Linguistics, 23*, 1111-1135.

김기연, 한수미(2022). 텍스트 마이닝 기법을 활용한 구글 플레이 스토어 영어 학습 앱 사용자 리뷰 분석. **디지털콘텐츠학회논문지**, **23**(10), 1901-1908.

최승락(Seungrak Choi)

서울시립대학교 철학과 졸업(문학사)
고려대학교 철학과 졸업(문학석사)
고려대학교 철학과 졸업(철학박사)
현) 한림대학교 인문학부 철학전공 조교수

[대표 논문]

Choi, S. (2025). Problems of a proof-theoretic characterization of paradoxes. *Synthese, 206*(2), 1-26.

최승락(2025). Two Senses of 'Not True' and the Intuitionistic Natural Deduction System. **논리연구**, **28**(2), 151-193.

Choi, S. (2022). Is there an inconsistent primitive recursive relation? *Synthese, 200*(5), 418.

유튜브 채널, 논리학당(youtube.com/@schooloflogic/)
논리학당 홈페이지(https://sites.google.com/view/school-of-logic/)

한림대 AI 융합연구원 총서 02

AI 시대, 대학교육을 리디자인하라

The AI revolution: Transforming the future of higher education

2026년 2월 20일 1판 1쇄 인쇄
2026년 2월 25일 1판 1쇄 발행

지은이 • 정혜선 · 박섭형 · 김여진 · 한수미 · 최승락
펴낸이 • 김진환
펴낸곳 • (주) 학지사
04031 서울특별시 마포구 양화로 15길 20 마인드월드빌딩
대표전화 • 02)330-5114 팩스 • 02)324-2345
등록번호 • 제313-2006-000265호

홈페이지 • http://www.hakjisa.co.kr
인스타그램 • https://www.instagram.com/hakjisabook

ISBN 978-89-997-3658-2 93370

정가 17,000원

저자와의 협약으로 인지는 생략합니다.
파본은 구입처에서 교환해 드립니다.